LA GRANJA DEL
BORREGO

El papel utilizado para la impresión de este libro ha sido fabricado a partir de madera procedente de bosques y plantaciones gestionadas con los más altos estándares ambientales, garantizando una explotación de los recursos sostenible con el medio ambiente y beneficiosa para las personas.

La granja del Borrego

Primera edición en Colombia: abril de 2024
Primera edición en México: mayo de 2024

D. R. © 2024, Carlos Alberto Díaz, por los textos.
D. R. © 2024, Sindy Elefante, por las ilustraciones.

D. R. © 2024, Penguin Random House Grupo Editorial, S. A. S.
Carrera 7 # 75-51, piso 7, Bogotá

D. R. © 2024, derechos de edición mundiales en lengua castellana:
Penguin Random House Grupo Editorial, S. A. de C. V.
Blvd. Miguel de Cervantes Saavedra núm. 301, 1er piso,
colonia Granada, alcaldía Miguel Hidalgo, C. P. 11520,
Ciudad de México

penguinlibros.com

Diseño de cubierta: Penguin Random House Grupo Editorial
Diseño de páginas interiores:
Penguin Random House Grupo Editorial / Lorena Calderón Suárez

ISBN: 978-607-384-551-9

Impreso en México – *Printed in Mexico*
Impreso en los talleres de Litográfica Ingramex, S.A. de C.V.
Centeno 162-1, Col. Granjas Esmeralda, C.P. 09810, Ciudad de México.

LA GRANJA DEL
BORREGO

Altea

En este libro, quiero agradecerles principalmente a mis animales, que han sido la fuente de inspiración y de cambio en mi vida, y también a mi abuelo y a la granja porque son fundamentales en mi vida y en lo que soy hasta hoy. A mi hermano Juan, por creer en mí desde el inicio y por seguir trabajando hasta hoy conmigo, a mis hermanos y, sobre todo, a mis papás por ser los precursores de mi educación, de mis valores y por enseñarme que con trabajo duro se logran los sueños.

Gracias también a mi editorial Penguin Random House y a Sindy Elefante por las ilustraciones. Y, por último, quiero agradecerle a todo a mi equipo (al equipo de La Granja y al equipo de *management*). Gracias por apoyarme en todas mis ideas, por ayudarme a desarrollar mis proyectos y por ser una pieza fundamental en ellos.

Y, obviamente, una dedicatoria especial para tod@s ustedes, granjer@s, mi comunidad: me siento muy agradecido por todo lo que hemos creado juntos, por cada mensaje, comentario, *like*, dibujo, *edit*, video, saludo... mejor dicho, todo. De verdad, le dieron a mi vida un giro de 180° y sin ustedes no sería el granjero que soy hoy. ¡Los quieroooooooo!

CONTENIDO

¡Hola, granjer@s!

INTRODUCCIÓN

¡Hola, granjer@s! ¡Sí, sí, por fin escribí mi libro!

Desde que conocieron la granja en mis primeros videos, muchos de ustedes me han pedido que les cuente historias de qué hacía cuando era niño, de cómo era mi familia, de los primeros días de trabajo en la granja, de cómo empecé a crear contenido para las redes, de lo que hay detrás y nadie sabe, de los errores, de los fracasos, de los triunfos y, sobre todo, ¡de cómo mi vaca Rosalía se cayó a un hueco! Ay, pobre Rosalía...

Pero sí, granjer@s, ¡les voy a contar incluso cosas que no sabían y que jamás he contado en mis videos! ¡Y también van a encontrar al final de este libro una sección genial de tutoriales y guías para convertirse en tod@s un@s granjer@s!

Entonces, ¿tienen las botas listas? ¿Ya se pusieron el sombrero? ¿Tienen las herramientas? ¡Muy bien! <u>¡Bienvenid@s a La Granja del Borrego!</u>

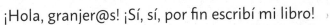

PARTE 1

DEL PUEBLO
A LA GRANJA

CAPÍTULO 1

CUANDO ERA NIÑO

MI ABUELO, EL GRANJERO ORIGINAL

Voy a empezar con algo muy básico, pero que es muy importante. Me llamo Carlos Alberto Díaz, tengo diecisiete años, mi color favorito es el... y me conocen como... ¡Aaaah! ¿Eso ya lo sabían? ¡Es@s son mis granjer@s! Muy bien, pues antes de que lleguemos a cuando apareció La Granja del Borrego, tienen que saber que toda mi vida hasta antes de la granja

MÉXICO

BOGOTA

La Vega

Bogotá

la viví en La Vega, Cundinamarca, que es un pueblo que queda cerca de Bogotá, ¿lo conocen?

Pero esperen, granjer@s, siento que antes de contarles cualquier cosa tengo que hablarles del granjero original, del origen de todo, de la persona sin la que La Granja del Borrego no sería posible, ¡mi abuelo! Bueno, la verdad es que yo nunca lo conocí porque él murió hace unos treinta años, pero me han contado que fue un campesino que le dedicó toda su vida al campo. Como era tan trabajador, le iba bastante bien con sus sembrados, su ganado y sobre todo con el café, así que tenía tanto una casa en el pueblo como varias fincas en el campo.

La granja de antes era mucho más grande que la que tenemos ahora y varias personas de los alrededores siempre me cuentan que trabajaron con mi abuelo. También me han dicho que la granja llegó a tener decenas de cerdos y como diez mil pollos. ¡Diez mil! Era una cosa impresionante y tenía corrales por todas partes.

Mi papá me contó que él se levantaba a trabajar a las 4:30 de la mañana y para ese momento mi abuelo ya había ido a dos fincas, ya había repartido el mercado y había hecho muchas más cosas. Todos sus hijos, mis tíos, trabajaban en la granja (recolectando café, manejando los camiones, cuidando los cultivos, alimentando a los animales) y también iban al colegio. Eso era muy importante para la familia. En general, mi abuelo era un hombre muy trabajador y le estaba yendo muy bien, pero también tenía problemas con el alcohol y sufría de depresión. De hecho, él murió por eso y fue muy duro para mi abuela. Después de su muerte, se repartieron sus tierras y ahora La Granja del Borrego que ustedes conocen es la parte que le quedó a mi papá de esa herencia... pero créanme cuando les digo que no se parece en naaaada a la que ven en los videos. ¡Más adelante les contaré sobre eso!

LA MAMÁ DE LAS RECETAS

Otra persona indispensable en toda esta historia es, por supuesto, mi mamá. **Toda la vida mi mamá administró un hotel en La Vega, pero ahora es _influencer_, ¡entonces vayan a seguirla, granjer@s!** Como trabajaba allí, mi hermano y yo íbamos muy seguido a meternos a la piscina y era muy divertido. Pero, bueno, hablemos un poco de su enfermedad.

Unos meses después de que yo naciera, le descubrieron un tumor en la cabeza. No era de los malos, malos, pero de todas maneras tenían que operarla. Así que cuando yo era un bebé, ella empezó con sus tratamientos y con las cirugías, pero la dejaron en recuperación bastante tiempo. Por eso es que mi mamá tiene una parálisis facial parcial y no puede mover mucho la boca ni escuchar por el lado derecho. Afortunadamente, dejando eso de lado, ya está muy bien.

Como todas las cirugías y los tratamientos pasaban en hospitales de Bogotá y yo era un bebé, a mi familia le tocó conseguir a alguien que me cuidara mientras ella se concentraba en su recuperación. Esa persona fue Cecilia, que me crio junto con mis dos abuelas. Yo incluso a veces me quedaba a dormir en su casa, pero eso no impidió que mi relación con mi mamá fuera muy buena porque siempre me ha apoyado e incluso me animaba a trabajar para comprarme las cosas que yo quería, así que a veces vendía obleas, manillas o dulces en el hotel en el que ella trabajaba.

Ahora que soy un poco más grande, sé que en esa época teníamos dificultades económicas, pero ella nunca dejó que me faltara nada. O sea, yo tenía mi bicicleta, mi teléfono, mi computador y toda mi infancia fue muy buena, pero después sí supe que a veces tenían que pedir plata prestada para poder pagarme el colegio.

MI PAPÁ

Cuando yo nací, mi papá ya se había controlado mucho porque antes tenía problemas con el alcohol. De hecho, justo el día que nací, él no estaba en el pueblo (aunque es veterinario de profesión, siempre trabajó con volquetas, maquinaria y construcción, así que muchas veces viajaba) y mi hermano Juan tuvo que hacerse pasar por él para que lo dejaran entrar al hospital a verme. Lo miraron muy mal porque pensaban «uy, qué papá tan joven», jajaja. Él tendría dieciséis años y mi mamá en ese momento tenía treinta y ocho o treinta y nueve, ¡imagínense eso, granjer@s!

Por esos problemas de adicción de mi papá y las deudas que tenía en ese momento, nos mudamos mucho de casa: primero estábamos en una, luego nos fuimos a vivir con mi abuela Gladys, luego con mi abuela Gloria... En fin, me cuentan que fue una época difícil, pero no me acuerdo tanto de eso porque obviamente era muy niño y mis hermanos, mi mamá y Cecilia me cuidaban mucho.

Pero ahora mi papá es todo un ejemplo de superación porque, gracias a todas las situaciones que vivió, hoy en día odia el alcohol, es muy trabajador y le gusta mucho el deporte. Antes no estaba tan presente, pero hoy en día es el mejor del mundo y desde que trabajamos juntos en la granja todo es más chévere. De hecho, nada de la granja habría pasado si no hubiera dejado el alcohol, así que lo agradezco mucho. El proceso de recuperación de mi papá fue un respiro para toda la familia y desde ese momento recuerdo que empezamos a hacer planes juntos: íbamos a la piscina, me llevaba a partidos de básquetbol, yo lo ayudaba con sus proyectos de construcción, nos inventábamos excursiones y nos volvimos más cercanos.

MIS HERMANOS

Tengo la fortuna de ser muy amigo de mis hermanos
y es que tengo tres, granjer@s, y de todos yo soy el
menor, el borreguito, el más consentido, jaja, mentiras.
Juan es el mayor, siempre se viste de negro, es medio
serio, él sabe, jaja, y aunque es un apoyo incondicional
para mí cuando se me ocurren ideas (que es casi todo
el tiempo), también es la persona que muchas veces
me frena y me dice: «ey, no». Y tener a alguien así cerca
también es muy positivo para todo lo que ha sido este
proyecto de la granja. Después está Ximena, que es un
poquito celosa y nos protege muchísimo a todos. Vive de
un lado a otro y, literal, no se pierde una. Después está
Andrés con quien básicamente crecí porque tenemos
casi la misma edad. Es un poco callado y muy tímido, así
como yo. ¿Por qué se ríen, granjer@s? Pero, bueno, esto
espero que no lo lean ellos porque si me ponen a elegir,
tendría que aceptar que Andrés es mi hermano favorito y
una de las personas en quien más confío.

MIS AMIGOS

Tengo que confesar que nunca fui el más juicioso en el colegio, pero tampoco me iba taaan mal. Me acuerdo de que, en quinto, el último año que estuve en el colegio del pueblo (porque después me cambié a otro que quedaba más lejos), mis amigos eran los profesores. ¡Ah! Y en los recreos también jugaba mucho piquis y tazos con mis amigos. ¿Se acuerdan de eso, granjer@s? ¡Era muy divertido!

Y pues, sí, para que vean que sí era juicioso, incluso me lancé para ser personero del colegio. En la casa, mi abuela, mi hermano Juan y Martín, mi mejor amigo, me ayudaban a hacer carteleras y a diseñarlas (en Paint, jajaja)... ¡y al final gané! Logré que el colegio nos diera bebederos de agua potable, elementos para la clase de educación física y varios computadores.

¡¡Compañer@s!!

VOTA # 7
BORREGO
Personero

Yo me la pasaba todo el tiempo con Martín, que de hecho sigue siendo mi mejor amigo. Cuando teníamos diez u once años, él se quedaba a dormir en mi casa o yo en la de él y era muy chévere porque él vivía muy lejos y así podíamos seguir haciendo planes juntos. Salíamos a montar bicicleta a la montaña, íbamos a buscar fósiles que encontrábamos enterrados por allí, nos metíamos a un espejo de agua que tenía la mamá y molestábamos todo el tiempo.

Por esa época también jugábamos mucho *Minecraft* y tuvimos nuestra época de *youtubers*, aunque no subíamos nada. Hacíamos vídeos de bromas y juegos con uno de mis hermanos y Martín. La verdad son recuerdos muy, muy chéveres y ojalá pudiera encontrar uno de esos videos viejos. Lo triste de todo esto es que, cuando cumplí once, Martín se fue a vivir a Estados Unidos y no nos despedimos bien porque pensábamos que era un viaje normal, no que se fuera a ir mucho tiempo. Al final volvió, pero dejé de verlo como por dos años.

En el pueblo también jugábamos fútbol
en el patio de la casa de un primo, que era
muy grande. Él era amigo de muchos niños
y yo me hice amigo de varios por él, entonces a
veces nos reuníamos para jugar escondidas, la lleva,
congelados o fútbol. Pero recuerdo que uno de los
vecinos era un viejito terrible al que le teníamos miedo
porque nos gritaba y tenía un rejo. ¡Uy! Y preciso un
día pateé el balón, le rompí una ventana antigua,
todos salieron corriendo y me dejaron solo con mi
mejor amigo. ¡Traidores! El viejito se puso muy bravo,
pero una señora le recordó que había trabajado con
mi abuelo y que conocían a la familia, entonces todo
salió bien y no me regañaron tanto.
¡Menos mal!

En fin, por esa época yo estaba
muy enfocado en el estudio
y en jugar básquetbol,
entonces mis días eran muy
normales, la verdad. Mi
mamá Janeth me despertaba
muy temprano
y nos íbamos en
moto a la casa de
mi abuela Gladys
para desayunar

con ella, que era muy alcahueta y siempre me daba plata para comprar onces en el colegio. Después de eso, íbamos a donde mi otra abuela, Gloria, que vive todavía frente al colegio en donde yo estudiaba en ese momento.

Allí yo esperaba a que llegara la ruta de Martín y entrábamos juntos a clases. Eso no es muy interesante, jajaja, entonces pasemos a que, por la tarde, cuando salía del colegio, iba a la casa de mi abuela otra vez y ella siempre me esperaba con un cono de chocolate deliciooooso. Y más tarde volvía a mi casa y mi marná me recibía con más cosas de comer: empanaditas, papas, tortillas, fruta, ¡de todo! ¡Qué buenos recuerdos!

EL CAMBIO DE COLEGIO

¡Volvamos al colegio! Como les contaba antes, granjer@s, quinto fue chévere, pero para bachillerato me cambié a otro colegio y a ese sí tenía que irme en la ruta, entonces la rutina cambió. Me tenía que levantar mucho más temprano, no alcanzaba a ver a mis abuelas como antes y las clases eran más difíciles porque algunas eran bilingües. Pero, bueno, algunos profesores también eran divertidos porque a veces nos sacaban a las zonas verdes para que hiciéramos las clases allí porque el colegio era campestre, tenía un bosque y varias canchas de fútbol. Lo malo es que llegaba destrozado porque la jornada era más larga y los trayectos en la ruta eran de más de una hora. Uf.

Me acuerdo de que, a principios de octavo, a mí me gustaba una niña y hablábamos normal en los descansos y eso, pero resulta que había otro compañero al que también le gustaba ella. **Entonces nos hizo unos *stickers* de WhatsApp con fotos de nosotros sentados juntos con corazones y se los pasó A TODO EL COLEGIO.** Eso se volvió un problema terrible y hasta llamaron a mis papás. Yo pensé que me iban a regañar y hasta me escapé en la bicicleta cuando entró la llamada del profesor, pero al final no pasó nada...

O, bueno, sí pasó porque como dos días después de eso empezó la pandemia y no volví a saber nada de nadie de ese colegio.

CAPÍTULO 2

Y ENTONCES...
LLEGÓ LA PANDEMIA

Cuando llegó la pandemia, uf... ahí empezó a irme mal en el colegio porque vivíamos demasiadas personas en la casa y el internet era terrible y no nos cubría a todos. Pero también era mi culpa. No me gustaba entrar a las clases virtuales porque eran muy aburridas, los profesores al principio no sabían cómo hacerlas, la plataforma del colegio no funcionaba bien y... la verdad es que sí fue un colapso horrible.

Como dos meses después de eso, empecé a ver que mi papá se iba a la finca todos los días con su sombrerito y su machete. Y entonces él nos enviaba videos de la que ahora es la granja por el grupo de WhatsApp de la familia. Todo estaba abandonado y él estaba trabajando mucho. A mí eso me pareció chévere e interesante, entonces un día le dije «papi,

tráigame unas semillas y sembramos cositas en el apartamento».

Ahí mandamos a hacer un mueble con unos plásticos, como para imitar un invernadero, y luego le pusimos el abono y las semillas que mi papá me traía de la finca. Eso estaba en el patio y me empezó a gustar todo ese cuento porque veía cómo crecían las cosas. **Poco a poco hice un huerto urbano en el patio de nuestra casa, ¡el primer logro, granjer@s!**

LA PRIMERA VEZ QUE FUI A LA GRANJA

Un día, Ximena, mi hermana, me preguntó si tenía clase, pero le mentí y le dije que no (¡perdón, pero las clases virtuales eran muy aburridas!), entonces me propuso que fuera con ella a la finca. Cuando llegué allí... uy, no voy a decir que era fea, pero sí estaba muy abandonada y salvaje. Toooodo era puro monte y matorrales. <u>La casa vieja estaba casi cayéndose y había zarigüeyas, culebras, ratones y arañas por todas partes.</u>

De hecho, granjer@s, una vez estábamos afuera con mi hermano Andrés en la hamaca... ¡y vimos una pelea de ratones! <u>¿Cómo sabes que tu finca está en mal estado? Hay peleas de ratones, jajaja.</u>

Pero, bueno, llegué y, después de pensar «ay, esto sí está bien abandonado», vi que mi papá había empezado a construir un cuarto nuevo con cemento y eso estaba chévere. Después de esa primera ida a

la granja, se me ocurrió volver con las plantas que tenía en el apartamento para sembrarlas allá. Ese día recuerdo que mi papá me enseñó cómo hacerlo y estuvimos todo el tiempo juntos. De verdad eso me estaba pareciendo muy interesante y me gustaba.

Al otro día, me propuso que volviera a la finca con él y no lo dudé. Y es que estábamos en pandemia, entonces fue la oportunidad perfecta para contarles a mis papás que no me sentía bien en el colegio que habían elegido para mí. En varias materias sacaba malas notas y les juro que me esforzaba por recuperarlas. Por ese entonces, recuerdo mucho una frase de mi papá que, cuando me veía sufriendo por un examen, me hacía varias preguntas para saber si en realidad estaba aprendiendo. Y como se daba cuenta de que sí, que tal vez me ponía nervioso en los exámenes y por eso me iba mal, me decía: «pudo perder la nota, pero no el conocimiento». Así que cuando les dije que prefería invertir mi tiempo en la granja, en aprender de la naturaleza y en trabajar para que ese fuera un lugar en el que toda la familia viviera contenta, me apoyaron y ahí abandoné el colegio y no volví a hablar con nadie de allí. Y tampoco volví a estudiar. Mentiiiiras, granjer@s. Al mes ya estaba inscrito en otro colegio, de hecho, fue el colegio del que me gradué finalmente y me encantó estudiar ahí porque siempre me permitió combinar el estudio con mi propósito de cumplir mi sueño de vivir y de trabajar en la granja. Por ese tiempo, y aún hoy, me despertaba a las cinco de la mañana, desayunaba a las seis y luego salía con mi papá para la finca. Y como en ese entonces estábamos en plena pandemia con restricciones para salir a la calle, me tenía que esconder en el baúl del carro para poder acompañar a mi papá a la granja. Incluso, granjer@s, en ese momento me compré mis primeras botas de trabajo, así que, con eso, mi sombrero y mi machete, ¡ya estaba listo!

COMIENZA EL TRABAJO DURO

No se imaginan lo complicados que fueron esos primeros meses en la finca porque no había luz, no había agua, todas las mangueras estaban viejas y dañadas... Uf, nos tocaba ir a unos nacederos de agua dentro de la montaña para sacar agua de ahí e instalar nuevas mangueras. Poco a poco, como mi papá sabía de electricidad, fue poniendo bombillos para no estar a oscuras. Una vez, recién llegados, estaba lloviendo durísimo y se fue la luz; eso nos ha pasado muchas veces. Hace unos meses se cayó un árbol y duramos sin electricidad una semana entera. Tuvimos que abastecernos de linternas porque igual teníamos que salir a revisar que los animales estuvieran bien. Sigo pensando en esos momentos que sería el mejor escenario para una película de terror.

A mi papá le encantaba estar en la finca y trabajando porque, cuando empezó la pandemia, se estaba volviendo loco encerrado en el apartamento. Y entonces le empezaron a salir videos de huertas y del campo en YouTube y así, de la noche a la mañana, decidió irse a la finca a ver qué hacía con lo que había allí. Él es muy de impulsos, pero luego les cuento de eso (*cofcof,* las Empoderadas, *cofcof*).

Mientras todo esto pasaba, obvio hubo peleas por lo de mi anterior colegio. Yo no quería seguir con las clases virtuales porque me aburrían y, aparte de eso, era carísimo, entonces me cambié a un nuevo colegio, que igual seguía siendo virtual, pero al menos era más barato. Literal estuve un mes sin ir a clases, pero igual me dediqué mucho a la granja. Y luego, cuando volví a entrar a clases, seguí con la granja y hacía las tareas cuando podía.

En la granja tuvimos que construir un baño, arreglar las tuberías y tumbar muchas paredes y techos porque los ladrillos se estaban deshaciendo y las tejas se caían. Todo estaba viejísimo, viejísimo. Después de eso, terminamos de construir el cuarto y pusimos una cama, el baño, una ducha y un televisor. Era todo muy básico, pero me encantaba. Me acuerdo muchísimo de que esos días, cuando subíamos a la finca, mi papá y yo comprábamos en el camino unas gaseosas y unos ponqués y comíamos eso todo el tiempo. En realidad, era porque mi papá no sabe cocinar y no teníamos estufa todavía, jajaja.

Y pues, sí, granjer@s, ahí estuvimos como un mes y medio, mejorando, mejorando y mejorando el terreno y la casita pequeña que estábamos construyendo. Y la verdad es que mi papá y yo ni siquiera volvimos al apartamento del pueblo y fue en ese momento cuando la familia se cansó de estar encerrada allá y decidió trasladarse con nosotros a la granja.

CAPÍTULO 3

¡TODA LA FAMILIA A LA GRANJA!

Cuando tomaron la decisión, mi mamá habló con la señora que nos arrendaba el apartamento, le dijo «muchas gracias, pero nos vamos» y al siguiente día mi papá y yo bajamos con la camioneta para empezar la mudanza. Hicimos tres viajes del pueblo a la finca y todo quedó listo.

Así fue como llegamos mi mamá, mi papá, mis dos hermanos y yo a la finca. Mi hermana, el esposo y mi sobrina sí se quedaron en su apartamento del pueblo, pero creo que fue bueno porque los que fuimos a la granja vivimos en un cuarto pequeño y con un solo baño durante bastante tiempo. Literal, conseguimos dos camas extra y un colchón y nos acomodamos todos ahí.

En ese momento no teníamos internet (¡aunque ahora tenemos fibra óptica! ¡Cómo cambia todo,

granjer@s!), pero éramos muy felices. Además, con
la llegada de mi mamá, ella empezó a encargarse de
armar una cocinita, pero... o sea, no se imaginen nada,
nada, nada lujoso. La cocina eran dos troncos, una
plancha larga de madera, una estufa y un lavaplatos
que casi quedaba al aire libre. Entonces, mientras ella
hacía eso, mi papá y yo sembrábamos, pintábamos y
seguíamos construyendo cosas.

   **Todos nos sentíamos muy bien porque era bonito
estar en el campo.** Me acuerdo de que, apenas llegó
mi familia a vivir a la granja, le dije a mi hermano
Carlos que me acompañara al huerto porque quería
mostrarle todo lo que había sembrado. Yo en serio
estaba obsesionado con sembrar en esa época. Y, pues
bueno, él fue y se sorprendió mucho cuando vio
que tenía zanahorias pequeñas y lechugas.
No podía creer que yo hubiera hecho
eso y ahí le conté todo a lo que mi
papá y yo nos habíamos dedicado
en esos meses viviendo en la
granja. ¡En serio aprendí
muchas, muchas cosas con
esa experiencia!

LA VIDA EN LA GRANJA

Como todos dormíamos en el mismo cuarto, nos levantábamos a las cinco con mi papá. Yo sé, yo sé, pero ni modo, no había nada qué hacer. Desde esa hora comenzábamos a hacer tareas de la granja y a las seis yo les daba de comer a las gallinas y recogía los huevos que habían puesto. **Luego los dejaba en el cuarto de los huevos (sí, había un cuarto de los huevos) y les hacía una ensalada a las gallinas con hojas de plátano, pasto, lechuga y... sí, sí, ¡ya sé que han visto ese video, granjer@s!** Y pues, sí, más tarde identificaba y clasificaba los huevos por peso para meterlos en cubetas.

Al principio fue difícil porque casi no se vendían los huevos. O sea, cuando se acababa la semana, teníamos muchísimas, muchísimas cubetas sin vender, entonces lo que me tocaba hacer era amarrarlas y llevármelas caminando a una estación de gasolina que queda cerca de la granja. Y ahí lo que hacía era esperar a que algún carro parara a poner gasolina y me le acercaba para ofrecerle una cubeta de huevos.

Y, uf, granjer@s, era difícil. Había días en los que tenía suerte y vendía cincuenta cubetas y otros en los que apenas vendía tres. Cuando yo veía que la cosa estaba grave, me iba a recoger limones, flores o aguacates para "encimárselos" a los que me compraran cubetas, pero a veces ni eso funcionaba.

Y pues... sí... cuando todavía nos quedaban cubetas, lo que hacía al final era ir a la panadería del pueblo y venderles los huevos a mitad de precio. Y la panadería sí nos compraba muchos porque los necesitan para hacer pan. También había unos viejitos muy amables que nos compraban mucho, aunque a ellos sí se los llevábamos hasta las casas porque, bueno, eran viejitos. Y algunas veces también bajaba hasta La Vega para ofrecer huevos puerta a puerta en el pueblo.

Ay, granjer@s, yo siempre voy a estar agradecido con todas las personas que nos compraron huevos en esos primeros días porque ¡era crucial! Si no vendíamos huevos, no teníamos con qué comprarles el concentrado a las gallinas. ¡Imagínense cómo estaríamos sin las Empoderadas!

Pero, bueno, aparte de vender los huevos, yo también me encargaba de ir por la viruta de las gallinas, que es como la madera que sobra cuando hacen cortes, algo parecido al aserrín. Entonces iba a comprar unas veinte lonas de eso y lo echaba en el corral de las gallinas porque eso sirve para recoger el popó y el chichí que hacen. Después de un tiempo toca recoger eso y cambiarlo por viruta nueva para que el espacio siempre esté limpio.

Otra cosa que hacía en la granja era sembrar lechugas y revisar que las mangueras de riego no se taparan porque, como llovía mucho, se llenaban de tierra. En fin, en la granja hacía todo lo que surgiera cada día: arreglar corrales, darles de comer a los animales que fueran llegando, darles agua limpia, vigilar a los perros... ¡muchas cosas!

Ahora sí creo que ya nos toca hablar de cómo surgió la idea del canal y cómo llegamos a donde estamos hoy, ¿verdad, granjer@s? ¡Pónganse las botas de trabajo y sigamos!

CAPÍTULO 4

ASÍ NACIÓ LA GRANJA DEL BORREGO

Tenemos que empezar por el nombre, ¿no? Si me llamo Carlos, ¿de dónde salió eso de La Granja del Borrego? Es una historia muy *random*, pero me acuerdo de que cuando tenía seis o siete años, mi hermano y yo nos fuimos después del colegio a la casa de nuestra abuela. Almorzamos, comimos helado, todo normal, y luego empezamos a ver televisión porque en ese momento no nos gustaba mucho salir.

Estábamos viendo *Hora de aventura* y, de pronto, en una parte la protagonista dijo algo de un borreguito, entonces mi hermano Andrés empezó a molestarme y a decirme que yo tenía el pelo igual a ese borrego... y me comenzó a decir así: borrego. Yo me ponía muy bravo por eso, pero luego Andrés le contó a Juan, mi otro hermano, y literal ese se volvió el apodo que me pusieron.

Juancho me guardó así en el teléfono, la familia me empezó a conocer así e incluso mi abuela me comenzó a decir borrego, pero con ella no me ponía bravo porque siempre ha sido muy especial conmigo. Y ya, después de eso, cuando empezamos a pensar en cómo ponerle al canal, la opción de La Granja de Carlos nos parecía muy normal y un día, mientras estábamos almorzando, mi hermano tuvo una iluminación y sin pensarlo exclamó: ¡LA GRANJA DEL BORREGO! Y a todos nos gustó mucho la idea. ¡Y así, granjer@s, fue como mi apodo dejó de ser familiar y ahora casi nadie sabe que me llamo Carlos! En serio, a veces me encuentro con ustedes y no saben cómo me llamo, solo me dicen Borrego, jajaja.

¡ABRIMOS EL CANAL DE YOUTUBE!

Después de irse del pueblo, Juan llegó a la finca y se sorprendió mucho con todos los alimentos que yo había sembrado y todo lo que había hecho, entonces me dijo que deberíamos grabarlo porque de pronto a alguien le podría interesar y nos iría bien. Además, estábamos en medio de la pandemia, él ya no tenía trabajo y queríamos hacer algo.

Básicamente fue mi hermano Juancho el que más me motivó y yo me emocioné con él. Y pues, sí, un día bajamos al pueblo, él me compró unas palitas y un kit para sembrar y luego volvimos a la finca y grabamos el primer video. Granjer@s, ¿se acuerdan de cuál es? ¡Sí, fue el de cómo hacer tu propio proyecto de huerta! En el video les expliqué cómo hacer una huerta para sus casas, Juancho lo editó y al día siguiente lo subimos.

ES ESTE VIDEO, GRANJER@S.

Holaaa...

Recuerdo que en ese momento pensé que le había ido muy bien al video porque llegó como a 300 vistas, que era como todo mi colegio y mi familia, jajaja.

Ahora ese video ya tiene más porque la gente lo busca y lo ha visto (más de 130.000), pero ese día me acuerdo de que lo vi en todos los estados de WhatsApp de mi familia y del pueblo, entonces fue chévere.

Ese video fue muuuy difícil de grabar, granjer@s. Yo solo había hecho videos de bromas antes y no tenía la presión de subirlos, pero en ese, que iba a ser el primero del canal, me puse muy nervioso, no hablaba bien o hablaba muy rápido... ¡y hacía mucho sol! Pero, bueno, lo subimos y ese fue el principio de todo.

Luego empezamos a grabar todos los días con Juancho y así lo seguimos haciendo hoy. Al principio grabábamos mucho sobre cultivos y huertas y después, cuando fueron llegando los animales, los fuimos incluyendo a ellos en el contenido. Pero ¡no crean que todo sucedió rápido, granjer@s! Estuvimos mucho tiempo trabajando, grabando, editando y subiendo videos sin monetizar y sin que el canal creciera mucho. En Instagram llegamos a los 4.000 seguidores en cuatro meses, pero subíamos un video diario y era mucho, muuuucho trabajo para solo tener esa cantidad de seguidores, sobre todo porque pensábamos que estábamos haciendo contenido muy interesante. Y con esto, granjer@s, me refiero a que uno no solo hace contenido para ganar *likes*, pero sí es cierto que entre más crece la comunidad, más nos demuestra a nosotros que lo estamos haciendo bien, que la gente se divierte y que les gusta lo que estamos creando. Me pasaba que veía los contenidos de otros creadores que ganaban de inmediato millones de *likes* y sabía que no estaban haciendo todo el trabajo que nosotros teníamos que hacer para grabar un solo video. Es que eso se nota, granjer@s, y aunque muchas veces era frustrante y les confieso que hubo ocasiones en las que me desanimé por eso, también me motivaba a pensar en nuevas ideas, a hacerlo cada día mejor.

Pero, sí, todo fue sucediendo poco a poco mientras subíamos videos a YouTube, a Instagram y a TikTok. Me da curiosidad saber en qué red social me descubrieron, ¡cuéntenme, granjer@s! También cuéntenme si alguna vez se aburrieron, jajaja.

Speech bubble: ¡La Granja del Borrego!

DESPUÉS DE LOS PRIMEROS MESES... ¡LAS COSAS EMPEZARON A FUNCIONAR!

Cuando los números empezaron a crecer, a mi mamá le dio un poquito de miedo mi exposición a las redes porque igual yo seguía siendo muy niño, pero como sabía que Juancho siempre estaba pendiente de mí y ayudándome, se calmó con el tiempo... ¡y luego se volvió *influencer*! Aparte de eso, veía que no estaba haciendo contenido malo ni solo de bromas, sino algo realmente útil, entonces le gustaba mucho.

A mi papá, como es tan relajado, lo del canal no lo preocupaba, pero sí le gustó mucho que ciertas marcas me empezaran a ofrecer colaboraciones o pagos para hacerles publicidad porque así teníamos más dinero para invertir en la granja. Y... uf, granjer@s, lo que nadie les dice nunca es CUÁNTO cuesta mantener bien una granja, ¡es carísimo, carísimo! Se va la plata por todos lados, pero vale la pena por tenerla siempre linda y a los animales muy bien cuidados.

Mi familia siempre me ha apoyado y nunca se me va a olvidar cuando mi abuela, que no entiende mucho de redes, me dijo que me había visto en televisión. Y es que... wow, cuando el canal empezó a crecer, me entrevistaron muchísimas veces en medios nacionales e incluso internacionales. Yo nunca me imaginé que eso pasaría, pero ver la respuesta de la gente y de ustedes, granjer@s, me dio mucha motivación porque comencé a ver que mi contenido funcionaba.

Los números crecían, le iba mejor al contenido de redes y decidí meterle mucho la ficha a TikTok porque esa plataforma es impresionante, ¡es muy fácil hacerse viral! Y cuando todo esto empezó a pasar, recuerdo que la primera marca que me propuso una colaboración fue una de bolsas hechas a base de maíz. ¡Fue muy chévere! Eso sí, granjer@s, hablando con mi hermano, decidimos que solo aceptaría hacer colaboraciones o publicidad de marcas en las que de verdad creyera y que me gustaran y así sigue siendo hasta hoy.

EL PRIMER LIVE

Sí, sí, ya sé que todo el mundo hizo *lives* en pandemia, pero ¡era lo único que podíamos hacer! ¡Estábamos encerrados! La verdad es que fue difícil y no tanto por la conexión, sino porque yo nunca había hablado en vivo. Me acuerdo de que yo había hecho una lista de las cosas que iba a mostrar y de lo que iba a hablar, pero ¡la lista se me perdió!

Todo fue muy gracioso porque había silencios incómodos, luego Juancho me decía bajito «muestra esto, vamos acá, di esto», jajaja, pero todo el mundo lo oía. Bueno, digo todo el mundo, pero en ese momento se conectaron 14 personas a mi *live*. **Ese es un dato que me parece muy lindo porque en el último *live* que hice hace poquito se conectaron más de 20.000 personas. Fue una locura.**

De hecho, granjer@s, si quieren ver ese primer *live*, todavía pueden encontrarlo al fooooondo de mi Instagram y ver cómo estaba el huerto y la granja hace años. ¡Ha cambiado mucho, no se imaginan!

LAS REDES SE DESCONTROLAN

Un día, cuando vi que el fútbol estaba siendo tendencia porque el Mundial del 2022 se acercaba, empecé a pensar cómo incluir eso en mi contenido. Busqué por la granja y encontré un balón viejísimo y que los perros habían mordido mucho, pero muuucho. Con ese, grabé un video con mi papá y le pregunté que cuántas 21 tenía que hacer para que me dejara tener más animales.

Y, granjer@s... ¡ese video explotó! ¡Se volvió viral de una manera impresionante! Una empresa vio ese TikTok y me envió el balón oficial del Mundial del 2022 y con ese repetí el reto de las 21. ¡Y a ese video le fue incluso mejor! En ese momento llegó a más de 20 millones de visualizaciones. Yo pensé que la cosa iba a acabar allí, con videos virales y muchos miles de seguidores nuevos, pero entonces La Liga me invitó a España para la inauguración de la temporada y, en Sevilla, conocí a los jugadores del Betis. Después también fui a Barcelona y conocí a Falcao, que en ese momento jugaba con el Rayo Vallecano, ¡fue una experiencia muy chévere!

De verdad nunca pensé que la granja me abriera las puertas para conocer muchos países y lugares hermosos, pero desde esos inicios he podido ir a Cartagena a conocer las tortugas marinas y los manglares, he ido a Buenaventura para ver a las ballenas, conocí el Amazonas y sus ecosistemas y he visitado páramos de Colombia para ver cóndores y osos de anteojos. Uf, y también he ido a premiaciones, a muuuuchas premiaciones. Nunca olvidaré la primera vez que me llevaron como invitado a unos premios en México. Fue algo muy impresionante porque no pensé que me reconocieran tantos granjer@s fuera de mi país y en ese momento empecé a entender que el trabajo duro con las redes estaba funcionando.

Creo que una de las cosas más difíciles que he hecho es dar una *TedTalk* con mi hermano porque requirió de mucha preparación, muchos ensayos y mucho, mucho tiempo. Pero al final salió bien y hablamos de cómo difundimos cómo es la vida en el campo y el trabajo que hay detrás de las granjas aprovechándonos de la comunidad digital que tenemos. ¡Y todas estas oportunidades aparecen gracias al apoyo que me dan!

MEEF

Eso sí, no todo en la granja y en las redes siempre nos sale bien y nos hemos enfrentado a situaciones muy complicadas. ¿Ya se imaginan qué pudo ser?

LOS ANIMALES SUFREN MUCHO CON LA PÓLVORA

Creo que lo que nos pasó el 24 de diciembre de 2022 fue la experiencia más extrema que he vivido y en la que hemos estado más en peligro tanto los animales como yo. Fue una locura, granjer@s.

Me acuerdo de que estábamos celebrando Navidad, repartiendo regalos, con toda la familia. A mí me habían regalado un buzo y me lo puse de una porque estaba muy feliz con él y todo hasta ese momento transcurría normal, pero entonces a la medianoche empezaron a lanzar pólvora y,

Meee

Meee

uf, fue impresionante. Sonaba muchísimo, muchísimo más duro que en años pasados, yo creo que porque estábamos saliendo de la pandemia y la gente podía volver a reunirse.

En ese momento comencé a escuchar que los animales estaban muy agitados y haciendo sonidos, entonces me fui de una a los corrales para revisarlos. No se imaginan la locura con la que me encontré. Los peces daban saltos sin parar y algunos se habían salido del lago, que es algo que yo jamás había visto en la vida. Fue muy loco. Las gallinas estaban todas amontonadas en una esquina del corral y tuve que entrar para hablarles y calmarlas un poco, aunque dos se murieron porque estaban tan apretadas que se asfixiaron.

Las vacas desaparecieron y luego las encontramos muy lejos en los potreros, pero el ternero se había doblado la pata y la tenía inflamada. No veíamos por ninguna parte a dos de nuestros cinco perros y, ya en la madrugada, cuando la pólvora se calmó, los encontramos, pero Fortachón tenía una herida en la pata. ¡Y las cabras! Las cabras estaban pateando el corral por dentro, saltando como locas y arañando la puerta.

Pero los que peor lo pasaron fueron mis pobres caballos, Cuzco y Negruras. Del susto, los dos rompieron la puerta de la pesebrera y la doblaron como si fuera plastilina. Literal, por la fuerza con la que empujaron, se hicieron varias heridas en el pecho y solo pude curarlos con mi papá cuando los recuperamos… ¡PORQUE SALIERON GALOPANDO HACIA LA CARRETERA! Uf, granjer@s, yo nunca había sentido tanto miedo y adrenalina en la vida. Sin pensar en nada, salí corriendo detrás de los caballos porque no quería que los atropellaran o que hubiera algún accidente, pero estaban tan enloquecidos que era casi imposible alcanzarlos.

Yo corría, corría y corría. Por momentos la pólvora se calmaba, llegaba a donde estaban e intentaba acariciarlos y tranquilizarlos, pero después empezaba de nuevo y salían galopando otra vez. Esa noche corrí demasiado. Tanto que en un punto casi me caigo porque ya las piernas no dejaban de temblarme. Claro, imagínense cómo estaba yo intentando ir a la misma velocidad que un caballo. ¡Imposible!

Después de mucho tiempo y de que casi me atropellara

una moto por esquivar a los caballos, apareció un motociclista que me ayudó a atajar a Cuzco y a Negruras. **Hoy estoy convencido de que, si no fuera por eso, no habría podido llevarlos de vuelta a la granja.** Yo estaba muy frustrado, el buzo nuevo ya se me había llenado de polvo y de sudor de caballos, aunque eso no importa, pero... bueno, todo fue muy complicado. Cuando volví a la granja, ya eran casi las dos de la mañana y estaba demasiado, demasiado cansado, pero teníamos que meter a los caballos en otro corral porque habían dañado su pesebrera. Al final terminé durmiéndome a la madrugada, pero no paraba de pensar en lo que iba a pasar el 31 por el Año Nuevo.

Todos en la granja, e incluso algunos de los vecinos, aparecieron esa semana para ayudarnos a reforzar los corrales para que no nos volviera a pasar lo mismo. La verdad es que no puedo hacer nada para que no celebren con pólvora, solo intentar concientizar sobre lo mucho que sufren los animales con el video que hice ese día, pero lo que sí puedo hacer es tratar de que no se escapen y que al menos se queden en sus corrales. Aparte de eso, he investigado algunas técnicas de relajación para los animales y las he usado cuando sé que van a lanzar pólvora por alguna fiesta.

Y pues, sí, granjer@s, si pueden convencer a sus familiares y amigos de que piensen en una forma distinta de celebrar que no sea con pólvora, créanme que estarán ayudando a muchos, muchos animales. Si nosotros nos asustamos con esos ruidos tan fuertes y sabemos por qué se producen, imagínense lo mal que se sienten los animales, que tienen oídos más sensibles, con esos ruidos y sin saber por qué están sonando. Tenemos que pensar en ellos también.

CAPÍTULO 5

VAMOS A VENDER TOMATES... ¿O NO?

Granjer@s, ¿se acuerdan de que les dije que mi papá a veces tiene unos impulsos? Bueno, pues hay unos que le salen muy bien y otros que le salen muy mal. Un día puede llegar con muchas, muchas gallinas, otro día con tres caballos y otro con mil plantas de tomate. Y no estoy exagerando.

Aquí todo empezó porque yo le estaba contando a Juancho todo lo que hacíamos en la granja y que había un buen terreno en el que podíamos poner un invernadero si contratábamos a algunas personas que nos ayudaran a guadañar y cortar el pasto crecido porque tooooodo eso era monte.

Juan le contó a mi papá qué queríamos hacer y con la liquidación que le habían dado en el trabajo a mi hermano, mandamos a construir el invernadero y, sí, ahí fue que mi papá llegó con las mil plantas de tomate. La cosa es que ninguno de nosotros había sembrado tomate en la vida, ¡nunca!

Comenzamos a ver tutoriales de YouTube y algunas personas de la zona nos iban ayudando. Hasta ahí todo bien. Pasaron tres meses, grabamos algunos videos y, aunque no teníamos muchos seguidores, decíamos que íbamos a vender los tomates cuando estuvieran listos y la gente también decía como «sí, yo se los compro». Ay, granjer@s, estábamos muy emocionados y teníamos planes de ir también a venderlos puerta a puerta en el pueblo... pero entonces empezó una temporada de lluvias muy fuerte.

Llovía, llovía y llovía. ¡Hasta con granizo! Aunque nuestro invernadero era de madera buena y estaba recubierto de un plástico especial, el clima y los vientos de esa época lo dañaron bastante. La estructura se torció, el plástico se rompió y se nos comenzó a inundar por dentro. Un desastre, pero, bueno, nosotros intentamos solucionar eso con lo poquito que quedaba de la liquidación de mi hermano y contratamos a unas personas para que lo arreglaran.

Pero ¿qué pasó con el agua que cayó adentro? Fue demasiada, demasiaaada, granjer@s... y les salieron hongos a los tomates. Vimos que les estaban apareciendo unas manchitas blancas y luego mi tío nos dijo «uy, ese tomate tiene hongo. Cuidado porque eso se esparce rápido». Y, al día siguiente, TODAS las plantas estaban negras. Nos tocó sacarlas con los machetes y en carretillas. Uf, de esas mil del principio, quedaron como diez y perdimos toda la producción.

Para todos eso fue muy complicado, pero más para Juancho porque era un proyecto que él quería mucho. Se había gastado la liquidación en eso y también había pensado en comprar cámaras y unos computadores para el canal, pero se quedó sin plata, sin tomates y sin equipos. Incluso estuvo a punto de irse de la granja a buscar otro trabajo porque todavía no teníamos monetizadas las redes.

Y pues, bueno, ese fue un mes de muchos problemas, pero entonces, gracias a las Empoderadas (¡ya casi les hablaré de ellas, granjer@s, paciencia!) YouTube nos empezó a pagar, nos contactaron las primeras marcas para hacer publicidad y eso nos motivó alguito porque logramos recuperar esas pérdidas, pero fue duro, granjer@s, duro.

CAPÍTULO 6

¡LLEGARON LAS EMPODERADAS Y UN VIDEO VIRAL!

Y volvemos a otro de los impulsos de mi papá, jajaja. Pero ¡este salió bien, granjer@s! Un día, de repente, mi papá llegó con unos señores en un camión... y con muchísimas, muchísimas gallinas. ¡Trescientas gallinas! Resulta que mi papá conoció a un señor que, antes de la pandemia, había encargado unas gallinas. La cosa es que las gallinas se encargan con dieciséis semanas de anticipación porque a esa edad es que empiezan a poner huevos.

Y resulta que el señor, por la pandemia, perdió mucho dinero y, cuando fueron a entregarle a las gallinas, se dio cuenta de que ya no podía tenerlas, entonces mi papá decidió recibirlas. Ahí dijimos como «bueno, no es tan difícil, con los huevos que pongan pagamos el concentrado y les hacemos un corral ahí al aire libre». Ay, granjer@s, si vieran lo feo que era ese primer corral si lo comparan con el que ven en los videos ahora. Era terrible.

Y pues, sí, ahí empecé a ayudar a mi papá con las gallinas porque sí era un trabajo complicado. Los bultos de comida llegaban a la parte de arriba de la granja y el corral había quedado abajo, como a unos 50 metros en bajada. Y cada bulto pesaba unos 40 kilos, entonces yo lo ayudaba a bajarlo, a recoger los huevos, a clasificarlos, a separarlos por tamaño y todas esas cosas.

Pero, después de un tiempo, mi papá se aburrió de las gallinas y me dijo «vea, si usted se encarga de ellas, puede agarrar la plata de los huevos». Entonces yo empecé a cuidarlas, aunque él me llevaba al pueblo por el concentrado y las cosas que necesitaban. Así, literal, se nos empezaron a acumular muchas cuotas y gastos porque todo fue durante la pandemia y las cosas eran complicadas. Aparte de eso, no las mostrábamos en el canal porque, según yo, a la gente no les iban a interesar mis gallinas... pero adivinen qué, granjer@s, ¡estaba equivocado!

LA GENTE AMÓ A LAS EMPODERADAS TANTO COMO YO

La verdad es que cuidar a las gallinas no se me da mal y un día yo estaba normal, haciéndoles una ensalada como siempre, cuando Juan llegó, me vio y empezó a grabarme. Yo seguí picando el pasto, el bore, la yuca, el plátano, la espinaca, la lechuga y la zanahoria, luego les eché la ensalada a las gallinas y quedó listo el vídeo.

Les confieso que nunca pensé mucho en el impacto que iba a tener el video, pero de repente llegó al millón y medio de visitas cuando nuestros números normales eran cinco mil o veinte mil en esa época. ¡Fue muy loco! Y, claro, con eso la gente empezó a pedir que mostráramos a las gallinas y así comenzamos a subir

más contenido de ellas. Después de eso, también se fueron vendiendo muy bien las cubetas de los huevos porque en el pueblo me reconocían, los vecinos me buscaban y nos fue muy bien.

La verdad, granjer@s, es que las Empoderadas nos llevaron a dar un salto demasiado grande en redes porque antes de ellas teníamos como 5.000 seguidores en Instagram y después de ese video llegamos a los 100.000. Tremendo, tremendo. Gracias a las Empoderadas muchas marcas nos conocieron y empezamos a ganar más dinero, así que Juan, a pesar del fracaso de los tomates, no tuvo que irse de la granja para trabajar en Bogotá. ¡Menos mal!

COSAS QUE SEGURO NO SABÍAN DE LAS GALLINAS

Aunque no lo parezcan, las gallinas son demasiado inteligentes ¡y hasta pueden reconocer caras! Aparte de eso, pueden llegar a ser muy valientes y viven hasta cinco años, dependiendo de la raza. También les gusta mucho jugar, entonces yo les hago juguetes con botellas y así se entretienen. ¡Al final de este libro podrán encontrar las instrucciones para construir este juguete!

Ahora, hablemos de cuál es el proceso para que los huevos de las gallinas se conviertan en pollitos y no se queden solo como huevos para comer. Eso es muy interesante, aunque yo no hago que mis Empoderadas se reproduzcan porque a los gallos siempre los tengo aparte. Pero bueno, para que surja un pollito, hay que tener a un gallo y a una gallina porque, básicamente, el huevo es como la menstruación de la gallina, como su óvulo.

Después el gallo pisa a la gallina y de allí puede salir una camada de ocho o diez huevos. Cuando la gallina termina de ponerlos, se sienta encima de los huevos y los calienta con su cuerpo y con plumas que van cayéndosele durante 21 días. En ese tiempo, la gallina casi que ni se para y solo va a veces por agua. Al final,

de esos diez huevos puede que salgan
como ocho pollitos, pero eso depende
mucho de la gallina. Cuando rompen el
cascarón, la gallina les enseña cómo escarbar
y, se los juro, diez minutos después ya
están escarbando y comiendo solos.
¿Sabían todo esto, granjer@s?
¡Es muy impresionante!

CAPÍTULO 7

LOS ANIMALES DE LA GRANJA

Uf, granjer@s, en estos años hemos tenido muchísimos, muchísimos animales en la granja. Un día, un señor me regaló unos conejos, entonces yo les hice un corral, les puse una malla para que no se salieran, pero Toño, uno de los perros, casi se los come. No, no, no, esos conejos fueron muy complicados porque les dieron mil cosas y un día les aparecieron unas costricas en la piel... y al día siguiente se murieron.

Después de eso, ¡el mismo señor me quería traer patos, más conejos y de todo! Yo le dije como «no, no, no, vamos a calmarnos, Dios mío» porque ya tenía gallinas, perros, un gato... ay, y ese también se murió porque lo atropellaron. ¿Ven, granjer@s? Tengo muy mala suerte con animales pequeños que no sean gallinas porque les pasa de todo y los animales más grandes los patean.

Así como con el señor de los conejos, una vez una granja muy grande quiso regalarme algunos animales ¡y yo estaba feliz! Al principio llegaron de allí Rosalía, mi famosa vaca que se cayó a un hueco, y el Bicho, que es un toro. <u>Con ellos apareció Cuzco, que es un mular. También llegaron las dos cerditas (siguen sin nombre, granjer@s, ¡ayúdenme!), Betty y Marta, que son los camuros, y Fortachón y Willy.</u>

¡Ah! Y en ese primer envío llegaron ocho gallos y gallinas de raza... ¿y adivinen quién se los comió? Héctor, obvio. Y pues, sí, solo pude salvar uno porque pillé a Héctor justo cuando le estaba mordiendo el ala. Es un desastre, granjer@s, de verdad. Pero igual lo queremos.

Y vaaarios años después, la misma granja me contactó para darme un par de animales más. ¡Gustavo y Jacquelín! Gustavo es un toro enano y Jacquelín es una yegua que está embarazada.

Pero, bueno, ¡ahora sí hablemos de los que están ahora en la granja!

LLEGADA DE LOS PRIMEROS ANIMALES DE UNA GRANJA MUY GRANDE.

¡MI CERDO MASCOTA!

A Lolo me lo regalaron cuando tenía 14 años. Un día llegó mi hermano, me dijo que cerrara los ojos y cuando los abrí vi que había un cerdo en una canastilla. Era una bolita chiquitita y ahora es un tanque gigantesco, jajaja. Me acuerdo de que le construimos un corral y se lo hemos ido mejorando con el tiempo porque los cerdos son muy, muy fuertes, granjer@s.

De hecho, luego me enteré de que me lo regalaron como mascota porque ese día lo iban a matar. El dueño pensaba que era muy cansón y que tenía demasiada energía. Aparte de eso, con los colmillos le dañaba todos los corrales en donde lo metía. Ahí fue cuando mi hermano lo compró y me lo regaló y pues, sí, a mí no me molestaba que fuera cansón porque era mi mascota.

Luego lo empezamos a mostrar en el canal y a la gente le gustó mucho. Eso me motivó a seguir rescatando cada vez más animales para mostrárselos a ustedes, granjer@s, y motivarl@s también a que hagan lo mismo. Así les puedo contar, por ejemplo, que los cerdos pueden comer comida de perro y que les encantan las frutas. ¿Se sabían eso? ¡Ah! Por cierto, hoy, aparte de Lolo, tengo dos marranitas también. ¿Las han visto en los videos?

LAS LOCURAS DE TOÑO

Resulta que se acercaba mi cumpleaños número 14 y mi familia decidió que querían regalarme un perro, pero no lo querían de raza porque esos son muy delicados, ¿sí? O sea, se comen un ratón de finca y se mueren. Mientras que a los criollos no les pasa eso. Entonces, un día yo estaba clasificando los huevos de las gallinas por peso para dividirlos en las cubetas y llegó mi hermano a darme una carta.

¡Esa primera carta era como el inicio de un juego de seguir pistas! Ya no me acuerdo muy bien qué decía el papel porque fue hace harto tiempo, pero básicamente me pedía que fuera a un lugar donde teníamos flores en la granja. Luego, en el sitio de las flores, encontré otra carta que me mandaba al invernadero. Y ya, al final, la del invernadero me dijo que fuera a revisar un cuarto de la casa.

Me acuerdo mucho de que, cuando ya estaba a unos veinte metros de la casa, escuché unos ladridos y sabía que no eran los de Luna. Entonces entré al cuarto... ¡y ahí estaba Toño, granjer@s! ¡No lo podía creer!

Ese mismo día, con la plata que me gané vendiendo los huevos de las gallinas, fuimos a una tienda de mascotas del pueblo y le compramos una cama, comida, un collar y varios juguetes. Y de ahí en adelante el perro estuvo todo el tiempo conmigo porque creo que tenía un trauma por lo que lo habían abandonado y no se alejaba de mí. De pronto pensaba que yo también lo iba a dejar, entonces yo no podía dejarlo afuera del cuarto porque chillaba toda la noche.

Luego fue creciendo, se fue acostumbrando a la granja y empezó a convivir con Luna, la perra viejita, y a los cinco o seis meses pude sacarlo del cuarto. Pero ahí se volvió como... no muy bueno, digamos. Se nos escapaba de la finca para pedir comida en otros lados y de repente me decían que lo habían visto en la carretera y me tocaba salir corriendo por él, literal. Una vez, cuando llegué a la carretera, vi que un señor se lo estaba subiendo a la camioneta, pero yo le chiflé y le dije que era mío. Pero, sí, granjer@s, se lo intentaron llevar varias personas.

Es que Toño... uf, de verdad. Un día se escapaba, otro llegaba cojo y otro día aparecía con una gallina en la boca. Eso fue bien complicado porque un trabajador de la granja me vio con la gallina muerta y me dijo «uy, esa es de las gallinas que se reproducen con gallos de pelea». Yo me quedé frío porque esas gallinas valen haaaarto. Me acuerdo de que el dueño fue a la granja y me reclamó dizque ochocientos mil pesos.

Después de eso, Toño mató a un conejo, luego casi mata a una cabra de un vecino... mejor dicho, lo dañaba todo, lo destruía todo. ¡Hasta se comió mi tarjeta de identidad, granjer@s! Pero, bueno, igual era mi compañía y gracias a él no me hacía falta el colegio, ni las personas que podía conocer allá, ni nada. Obviamente lo quería mucho.

Un día tuve que viajar a Medellín y en los estados de WhastApp de gente de la zona de la granja vi que estaban compartiendo una foto de Toño, que decía que se había perdido. Como Toño era bien loco, yo no me preocupé mucho porque siempre se iba y volvía. Aunque por si acaso, y como ya sabía que eso pasaba todo el tiempo, compartí la foto. Mi plan al otro día, cuando volviera a la granja, era ir por unas quebradas en donde ya lo había encontrado antes, pero entonces mi tío llamó esa noche a mi papá y le contó que habían encontrado a Toño envenenado cerca de un lago.

Yo no quise culpar a nadie porque puede que se hubiera comido algo del veneno de ratas que ponen por ahí los campesinos o que se hubiera comido una rata muerta o algo así. La verdad fue muy triste, granjer@s, pero pues... ya no podía hacer nada.

HISTORIA DE LA LLEGADA DE TOÑO.

HÉCTOR, EL LÍDER DE LA PANDILLA

Un tiempo después me regalaron a Héctor, que es otro de mis perros y también es un desastre. Toño había muerto hacía un tiempo y yo seguía muy triste porque lo amaba mucho. La verdad es que yo no quería más perros y eso les dije a mis papás: que no quería "reemplazar a Toño". Pero un día llegué y Héctor ya estaba metido en el cuarto de ellos. Lo vi y empezó a ladrar y ladrar. Mi mamá me dijo que no había podido evitarlo porque una señora de una finca cercana se lo había encontrado metido en una caja con otros perritos.

Y así fue como llegó Héctor, el demonio, el devorador de almas de gallinas, jajaja. Aunque, bueno, ya no es tan grave tenerlo porque por fin cercamos toda la granja, entonces no se puede salir a hacer daños o a comerse animales en las fincas vecinas. Y luego llegaron también Willy y Fortachón. O sea, hoy tengo cinco perros: Luna, Tobías, Héctor, Willy y Fortachón.

Pero, volviendo a Héctor, granjer@s, voy a contarles de una vez en la que, literalmente, se convirtió en el líder de una pandilla de criminales. Ehhh... ¡es broma! ¡Aunque Héctor sí es tremendo!

Una vez, mi hermano y yo tuvimos que salir de viaje y no íbamos a estar en la granja como por quince días, más o menos. Normalmente, cuando nos vamos, quedan mi mamá y mi papá para ponerle orden a todo en la granja, pero la verdad es que somos mi hermano y yo los que hacemos que los perros se porten bien, ¿sí? O sea, si a un perro lo regaña mi mamá, le da igual, pero si lo regañamos nosotros, se siente muy culpable.

En fin, los dos nos fuimos de la granja y entonces Héctor se aprovechó para meterse a la finca de un vecino... ¡que además era el mismo vecino al que Toño se le había comido una gallina! Ay, granjer@s, y es que Héctor no se fue solo. Noooo. Se llevó a todos los perros, como si fuera el comandante de una pandilla, y entre todos se comieron yo no sé cuántas gallinas.

Y nada que hacer. Al día siguiente, el vecino nos llamó y en la granja sí habían visto que Héctor, Willy, Fortachón y Tobías habían llegado como muy agitados, entonces obvio eran los culpables. Yo incluso creo que el fantasma de Toño los ayudó porque ¡fue justo con el mismo vecino! Al final tuvimos que pagarle por las gallinas muertas, claro.

LUNA, LA VIEJITA DE LA GRANJA

Luna llegó a nosotros porque, cuando todavía vivíamos en el pueblo, teníamos un perrito que se murió. Se llamaba Ramón. Eso fue muy duro, granjer@s, y recuerdo que toda la familia lo estaba llorando y estábamos muy tristes.

Un día, mi hermana le contó de Ramón a uno de sus amigos y él le dijo que su familia tenía una perrita con la que no podían quedarse. Luna, en ese momento, tenía un año y decían que hacía muchos daños en esa casa, que se comía las plantas, tumbaba las materas... en fin, ya se lo imaginan, ¿no? Era una familia que no estaba preparada para tener una perrita con tanta energía. Al final aceptamos a Luna y ha sido de las mejores decisiones de la vida. O sea, jamás pensamos que fuera un reemplazo de Ramón, pero es la perrita más hermosa del mundo, nos ha dado mucho amor y ahora ya tiene 10 años, por eso es la abuelita de la granja.

TOBÍAS, UNA HISTORIA TRISTE QUE ACABÓ BIEN

Tobías empezó su vida con una historia un poco triste porque lo adoptaron unas personas cuando era cachorrito y luego lo dejaron botado en la carretera. **Uf, granjer@s, si hay algo que a mí me duele es que dejen abandonados a los animales. Si no pueden mantenerlos, ¡NO los adopten!**

Bueno, bueno, perdón, pero tenía que decirlo. El caso es que una señora, que es amiga nuestra, lo vio y lo recogió. Ella se quedó con Tobías un año, pero vivía en un apartamento y Tobías es un *golden retriever*, entonces todo se le quedó pequeño. Además, Tobías también tuvo su época loca, como todos mis perros, jajaja. Él se le escapaba a la señora del apartamento y tuvo que salir a buscarlo muchísimas veces.

Un día, mi mamá fue a vender huevos al pueblo y se encontró con esta señora. Ella le contó todo lo que le estaba pasando con Tobías y, como nosotros ya estábamos en la granja y había mucho espacio, a mi mamá le pareció buena idea adoptarlo. Y fue muy curioso, granjer@s, porque todos bajamos al pueblo a recoger a Tobías justo el Día de las Mascotas. ¿Cuántos se acuerdan de ese video? Pero ¡no pasa nada si no lo han visto! Se los dejo en este código QR.

LA LLEGADA DE TOBÍAS.

LAS CABRAS QUE NO SON CABRAS

¡Yo sé que siempre les digo cabras! Pero es que nadie sabe qué es un camuro. ¿O ustedes lo sabían, granjer@s? ¡Exacto!

Bueno, hoy en día tengo a cuatro camuros en la granja (antes eran cinco, pero... otra vez, ¿adivinan quién se comió a uno? Héctor, el devorador, claro que sí). Las primeras dos hembras, Marta y Betty, me las regaló una granja muy grande. Pero los otros dos camuros, Messi y Benito, llegaron por un amigo de mi papá.

Voy a parar un momento aquí para confesar que Messi... es hembra. ¡Granjer@s, yo no lo sabía cuando me la dieron!

Y pues, sí, mi papá le compró dos camuros a su amigo y justo el día que llegaron a la granja se escaparon. ¡No se imaginan! Me tocó salir corriendo por toda la montaña para atraparlos. Aún no teníamos los corrales buenos, buenos, entonces los dejamos en el potrero y se salieron de allí. Uf, me tocó corretearlos como media hora por todas partes y estaba mueeerto. Al final, cuando los vi, tuve que lanzármeles encima como si fueran un balón para atraparlos.

Si alguien dice que en una granja no se hace ejercicio... es porque no ha trabajado en una granja. ¡Es duro, granjer@s!

NEGRURAS Y CUZCO

Cuzco en realidad no es un caballo, sino un mular.
Más adelante les voy a explicar las diferencias entre
las clases de equinos que existen, pero básicamente
una mula (o mular, si es macho) sale del cruce de
un burro y una yegua. Resulta que, un día, fueron a
echarle comida a Cuzco y se escapó de la pesebrera.
Y fue terrible, granjer@s, porque los mulares tienen
muchísima fuerza y son muy resistentes, entonces el
trabajador no lograba agarrarlo.

Cuzco salió galopando y el trabajador fue a
perseguirlo. Al final lo encontró en un potrero de un
vecino y estaba al lado de Negruras. A los caballos les
gusta estar en manadas, entonces seguro por eso se
quedó con él. **Pero lo malo es que Negruras estaba
muy traumado porque lo dejaron botado en la
carretera y un señor lo agarró, pero lo tenía bajo
el sol, sin agua y casi como un esqueleto.** Más feo,
granjer@s, no se imaginan.

Cuando el trabajador quiso devolverse con
Cuzco, el mular no quería moverse.
Era como si no quisiera dejar
solo a Negruras. Entonces tuvimos
que hablar con el señor para
que nos lo vendiera y

Negruras

Cuzco

ahora Cuzco y Negruras están juntos y felices. Y ya hoy en día Negruras está como un toro, está gigante, está gordo, con el pelo y con los dientes perfectos. Eso sí, me tocó acostumbrarlo poco a poco a comer, a estar en el potrero y a quedarse en las pesebreras porque sí estaba muy traumado y mandaba patadas y mordiscos. **Una vez me mordió porque entré a echarle heno: se me cayó un balde e hice mucho ruido, entonces se asustó.**

Lo bueno es que Negruras está muy bien ahora y, aparte del susto por la pólvora de diciembre, no ha hecho nada malo. Es una hermosura.

ME REGALAN UNA VACA Y OTRA SE CAE A UN HUECO

Yo sé que ya quieren que les cuente de Rosalía, pero antes tengo que hablarles de cómo llegó Susana a la granja. ¿Vieron alguna vez el video que hice con una amiga mexicana? Pues, sí, ella dijo ahí que me iba a regalar una vaca y la gente se lo tomó muy en serio, jajaja. Empezaron a escribirle como «¿y la vaca?», «bueno, ¿y qué pasó con la vaca?», entonces tuvo que pedirle a mi papá que le ayudara a conseguir una. ¡Y así se unió Susana a la familia!

ES ESTE VIDEO, GRANJER@S.

Como nosotros no usamos las vacas como vacas lecheras, teníamos que mantener al Bicho, que es el toro, separado de ellas, pero ya estaba siendo muy complicado, entonces mi papá lo castró. Les voy a ahorrar esos detalles, granjer@s, jajaja. **Pero, volviendo a las vacas, uno de mis propósitos en la granja es que los animales vivan contentos, que disfruten, que se sientan parte de una comunidad y que no se utilicen solo con el propósito de producir y producir.**

En la granja las vacas se despiertan, comen concentrado y pasan el día entero en el potrero dando vueltas, toman agua fresca del nacedero y algunas tardes las peinamos con unos cepillos especiales para que les quede el pelaje muy suave.

Y, ahora, lo que todos están esperando: ¡la historia de cómo Rosalía se cayó en un hueco! Ay... Bueno, es que las vacas son muy curiosas y siempre hay que estarles revisando los potreros, pero son tan grandes que yo no conozco todos los rincones. Resulta que había un hueco de cemento de dos metros de largo, dos de ancho y tres de profundidad que no sabíamos que existía. Y lo peor es que ese hueco estaba lleno de agua estancada que le caía de un tubo y también tenía alambres de púas dentro.

Ese día yo estaba en clases virtuales, pero de repente apareció un trabajador y me dijo «póngase las de trabajo rápido que Rosalía se cayó a un hueco». Me puse de una las botas y me imaginé muchas cosas terribles, granjer@s. Salimos corriendo por el potrero y cuando llegué al hueco, la vi al fondo y llena, llena de barro. Rosalía es negra y no se le veía

nada de eso, todo era suciedad y le estaba cayendo un agua asquerosa.

Me asusté muchísimo porque pensé que ese hueco se iba a ir llenando y que teníamos que sacarla rápido, pero es que ¡era una vaca de 300 kilos metida en un hueco de tres metros! Era una cosa re difícil. Literal salí corriendo otra vez para llamar a mi papá y a otros vecinos para que nos ayudaran a subirla con cuerdas. Intentamos entre dos y tres, pero nada. ¡Al final la subimos como entre diez personas! Fue muy, muy complicado.

Y no pudimos dejar que se parara de una vez porque... ¿qué pasó? La cola la tenía doblada y enredada en un alambre de púas. Y oootra vez salí corriendo a la granja para agarrar una cizalla, que es como una pinza para cortar alambre. Ahí entonces la liberamos del alambre y la amarramos a un árbol mientras la bañábamos y la examinábamos para ver si tenía más heridas, pero ¡menos mal no! Rosalía es una vaca muy resistente, granjer@s.

Eso sí, después de unos días, vimos que se le hizo
una costra en la punta de la cola, donde le empieza a
crecer el pelo. Le echamos unas cremas para curarla y
esas cosas, pero al final se le cayó ese pedazo.

Creemos que la circulación en la cola se murió y por
eso pasó. Y pues, sí, ya no puede espantarse bien las
moscas y es una vaca extraña y sin cola, pero es muy
linda mi Rosalía. Sí quedó un poco traumada por la
experiencia y creo que me odió un tiempo, pero poco a
poco volvió a comer bien y a no tenernos miedo.

CAPÍTULO 8

FELICIDAD EN LA GRANJA

GALLINAS

Ahora quiero contarles cómo cuido a mis animales, pero recuerden que esto puede ser muy personal, así que, si quieren tener una granja o rescatar animales, investiguen muy bien sobre cada uno antes de decidirse a tenerlos.

En general, se dice que se necesita un metro cuadrado por cada seis gallinas, pero a mí eso se me hacía muy poquito, entonces yo les construí un corral enorme para que tuvieran suficiente espacio. Es muy importante ponerle un buen techo para que no haya goteras porque a las gallinas les encanta comerse el barro que se forma, pero eso les hace daño.

Dentro del corral tiene que haber comederos. También hay una proporción de comederos por gallinas y las mías solo necesitarían tener tres, pero yo les tengo unos doce porque no me gusta que se aprieten para comer. No es cómodo para ellas. Y lo mismo pasa con los bebederos. Yo prefiero tener muchos para que ellas puedan tomar agua sin empujarse ni nada. Eso sí, es súper importante que el agua siempre esté limpia para que no les dé por tomarse la de los charcos.

Otra cosa en la que hay que pensar son los ponederos. Hay gente que no los instala porque dicen «ay, deje que los pongan en el piso, eso hacen las gallinas de campo», pero a mí eso no me gusta porque los huevos se pueden romper y se ensucian más con el popó y todo eso, entonces no es higiénico. Por eso mismo mis gallinas tienen los ponederos a una altura de 50 centímetros del piso, para que no se ensucien mucho los huevos. En teoría, debe haber cinco gallinas por ponedero, pero yo les tengo como el doble y a veces hasta el triple de eso. ¿Han probado un huevo fresco de granja? Créanme que no tiene comparación.

Pero, bueno, eso es en cuanto a la estructura del corral. Además, hay que cambiarles la viruta del piso con frecuencia para que nunca huela feo. De verdad, granjer@s, pregúntenle a cualquier persona que haya venido a la granja y verán que les dicen que el gallinero de las Empoderadas nunca huele feo. Y, bueno, al lado del corral yo tengo un cuarto pequeño donde guardo las canecas de comida para las gallinas. Siempre están selladas al vacío porque, quiera uno o no, en las granjas siempre va a haber ratones, entonces es mejor evitar que se metan ahí. Y también es importante que queden bien selladas para que no les entre humedad y se pudra la comida.

Algo muy chévere es que como mi papá es veterinario, también sabe cómo ponerles las vacunas a las gallinas. Pero ¡no son con agujas ni nada de eso! Las «vacunas» son polvitos o líquidos que se les disuelven en el agua y las mantienen saludables. Es muy fácil. **Y pues, sí, otra cosa que mantiene bien a las gallinas es que las dejo salir a su potrero para que estén al aire libre todo el día.** Ya por la noche ellas mismas vuelven a su gallinero y yo solo paso por ahí, reviso que nada se les haya metido al corral y les cierro la puerta.

EL CERDO Y LAS MARRANITAS

Uy, estos sí son más complicados. El primer corral que le tuvimos a Lolo era una porquería, aunque a él le fascinaba porque estaba lleno de barro. Como Lolo llegó casi sin aviso (acuérdense de que mi hermano lo rescató porque lo iban a matar), lo metimos en un corral cualquiera, pero no fue fácil. Los cerdos tienen mucha fuerza y Lolo se empezó a comer toda la madera del corral en el que lo pusimos.

Como los cerdos son omnívoros (comen DE TODO), no les importa el sabor de nada. Solo quieren comer. Entonces empezamos a hacerle un corral con unas tejas grandes de zinc y unos palos fuertes, pero eso tampoco aguantó. Llegó un punto en

el que teníamos que arreglar el corral a diario porque Lolo se comía los palos, dañaba las tejas... No, no, no, era un desastre. Es que hasta levantó el pasto con la nariz para convertir el piso en un barrizal y él estaba feliz de la vida.

¡Ah! Y también tuvo varios comederos. El primero fue de plástico y lo rompió. El otro fue de metal y lo dobló. Una vez casi se traga los pedazos de un comedero y de un bebedero porque en serio lo rompía todo. Al final decidimos hacerle un corral 100% de cemento para que no pudiera romper nada y quedó espectacular. A las marranitas siempre las hemos tenido en un corral aparte y, a diferencia de Lolo, todo está bien con ellas.

Algo muy, muy importante para los corrales de los cerdos es que deben tener un desnivel para que los orines se vayan hacia un lado. A pesar de lo que uno piensa, los cerdos son muy limpios y les gusta tener un lugar para los orines, otro para el popó y otro para dormir. Nunca van a querer mezclar esos lugares húmedos con los secos.

Y, bueno, en cuanto a la alimentación... eso es lo más básico del mundo porque comen DE TODO. Yo a mis cerdos no les doy comida de cerdos porque a eso le echan muchas hormonas para que se engorden y los puedan vender más caros. Y como yo no los quiero criar para eso, les doy una buena comida de perro, que los nutre bien, pero no los hace crecer tanto. Y de resto les damos frutas y lo que nos quede de las comidas de la granja. Eso les encanta.

A los cerdos también les damos unas vacunas. Una es como un aceite que se les echa en el agua y la otra es como una pasta que se comen sin ningún problema.

CABALLOS (EN REALIDAD UN CABALLO Y UN MULAR, JAJAJA)

Los caballos comen muchísimo, muchísimo, granjer@s, ¡ni se lo imaginan! Entonces hay gente que divide los potreros para que primero se coman el pasto de uno y luego el del otro. Así se van renovando y rotando. Eso es muy importante para que no pisen mucho la misma tierra y no la desgasten tanto.

La verdad es que yo no tengo dividido el potrero porque es enoooorme, entonces nunca están en el mismo sitio. Además, mis caballos ya están jubilados y son más tranquilos (sin contar con esa noche de la pólvora...). Pero, sí, lo que debe tener un potrero bueno son cercas muy resistentes para que los caballos no se salgan. No tanto por la seguridad de la gente, sino por la de ellos mismos. También hay que tenerles agua limpia porque los caballos nunca van a tomar agua sucia. En general son muy limpios y selectivos con la comida, así que tengo que estar pendiente de eso.

De hecho, a veces yo les pongo sus vacunas en la comida y se comen los laditos y dejan el lugar en donde está el medicamento. ¡Tremendos! **Y es que... no sé si lo sabían, pero los caballos son muy delicados. Si se comen algo raro, no pueden vomitar, entonces les dan cólicos y a veces pueden morirse de eso.**

La comida de los caballos es un concentrado y a ellos ocasionalmente también les pongo un bloque de sal especial en el comedero porque les encanta y les da muchos nutrientes y minerales que necesitan. Otra cosa que de vez en cuando les doy es melaza... ¡uf, granjer@s, eso lo aman!

Además del potrero, cada caballo tiene su pesebrera, que no es un espacio tan grande. Se supone que deben ser mínimo de tres por tres metros y, como ya lo comprobé, tienen que construirse con materiales bien resistentes. Adentro cada uno tiene su dispensador de agua y su comedero. Y... ¿qué más? ¡Ah, sí! También es importante construir el piso de concreto con un pequeño desnivel para que se salgan los orines porque, como los caballos son tan delicados, tampoco es bueno que los cascos de las patas se les queden húmedos mucho tiempo porque les salen hongos.

LAS VACAS

Las vacas también necesitan un potrero, pero a ellas sí se lo tenemos dividido porque desgastan mucho el pasto. Además, por ejemplo, no se comen el pasto de donde se acuestan o se revuelcan, entonces ese tema es bastante complejo. Acá el potrero grande lo tenemos dividido en diez secciones para que coman y se vaya rotando el pasto.

Como las vacas siempre están libres en los potreros, hay que tenerles canecas con su concentrado, agua limpia y un escampadero por si les llueve. A ellas también les tengo un juguete que les encanta, pero ¡de eso les cuento más adelante, granjer@s!

Uy, ahora que me acuerdo, con las vacas hay que estar muy pendiente de las vacunas y de mirarles la piel porque hay unas moscas que las pican y pueden dejarles huevos que se convierten en gusanos. Es horrible porque son gusanos como del tamaño de mi dedo, entonces hay que fumigarlas, darles pastillas y algunos sueros para prevenir eso.

Cada caso es diferente, pero mi papá y yo decidimos castrar al toro que tenemos porque no queríamos que montara a las vacas y tampoco queríamos que se volviera tan agresivo. Y pues, sí, eso fue sencillo y lo hizo él mismo porque es veterinario. Me acuerdo de que solo lo durmió con una inyección, le amarró las patas y la cola y luego le cortó los testículos. ¿Sabían que es muy normal que en el campo las personas se coman eso? ¡Imagínense, granjer@s, no se desperdicia nada!

LAS CABRAS

Les voy a contar un secreto: mis cabras no son cabras, ¡son camuros! Ah, claro, pero si digo que son camuros, nadie que no sea del campo me entiende, entonces por eso digo que son cabras y ya, jajaja. De hecho, los camuros ni siquiera son una raza de cabras, ¡sino de ovejas!

Pero, bueno, aquí tengo tres hembras y un macho que también está castrado. Todos tienen un corral que mide cuatro por cuatro metros y son fáciles de mantener. Solo hay que echarles comida, que es un concentrado, y agua limpia. Los camuros también comen de todo, entonces podemos darles cáscaras y sobras.

Al principio no les teníamos un potrero delimitado y un día se nos metieron a los huertos. Fue terrible, granjer@s, ¡se comieron muchas cosas! Así que, desde ese momento, les cerramos bien su potrero y pues, sí, andan libres por ahí todo el día y después se meten solitas a su corral. Eso sí, es muy importante limpiarles constantemente el espacio porque hacen mucho, muuuucho chichí y popó. Yo intento que hagan eso en el potrero, pero no... siempre es en el corral. Igual, eso lo recojo y lo uso como abono. ¿No les digo que no se desperdicia nada?

¡Ay! Y creo que no les he dicho cómo se llaman mis camuros, aunque seguro lo saben si ven mis videos. Por si acaso, las hembras se llaman Betty, Marta y Messi (sí, sí, le puse Messi a un camuro hembra) y el macho se llama Benito.

CAPÍTULO 9
LAS REDES SOCIALES ME CAMBIARON LA VIDA

La verdad es que vivir gracias a las redes sociales es genial, granjer@s, pero lo que nadie les dice es todo el trabajo que hay detrás de mantener muchas plataformas de contenido... ¡y también de cuidar la granja! Además, yo estudio hasta muy, muy tarde por la noche, entonces termino muy cansado.

Pero, sí, yo normalmente me levanto a las seis de la mañana y a las siete ya estoy listo para trabajar en la granja y para grabar las cosas del día. Lo primero que hago es darme una vuelta por la granja, revisar a los animales y mirar cuál es la anomalía del día. ¡Y es que todos los días hay algo nuevo!

Por ejemplo, ayer tenía que cortar una leña, entonces hice un video de eso. Mañana puede que esté por ahí y que Héctor rompa un tubo, entonces ese es el video. Así va saliendo el contenido. Entonces, cuando ya he dado la vuelta por la granja y he decidido qué voy a grabar, saco el trípode y veo qué más necesito: la cuatrimoto, algunas herramientas, el taladro, el hacha... En fin, me fijo en todo eso.

Y de ahí en adelante todo varía, granjer@s. Digamos... ayer me demoré todo el día grabando tres videos, pero hay otros días en los que el 80% del tiempo está dedicado a un solo video y el 20% a los otros dos. Todo depende de lo relevante de ese día, de qué haya que hacer con los animales y esas cosas. Eso sí, menos mal, gracias a lo que gano, puedo pagarles a dos personas para que me ayuden con la granja porque, si no, no podría mantenerla y grabar al tiempo. Ellos se encargan de alimentar a los animales, de guadañar, de regar las plantas, de poner cercas y, bueno, de lo que toque ese día. ¿Que se cayó Rosalía? Pues hay que sacarla y cercar el hueco. ¿Que se salió el cerdo? Pues hay que ir a buscarlo y ver qué se dañó del corral para que se saliera.

Así es un día a día normal, pero cuando salen viajes o eventos... ¡hay que trabajar aún más para dejar todo listo!

VIAJES, PREMIOS Y MUCHO MÁS

Cuando me invitan a algún evento, a dar charlas o a algunos premios, tengo que calcular cuántos días me voy y qué tanto contenido tengo que dejar listo. Por ejemplo, si me voy diez días, tengo que dejar grabado lo que más pueda para no dejar de subir nunca. Entonces, en vez de grabar tres videos diarios, tengo que grabar cinco para crear los respaldos y uf... es duro, granjer@s. Pero ¡igual me divierto harto!

Además, también me quedo muy tranquilo porque, cuando me voy, en la granja se quedan mi mamá y mi papá, que obviamente saben manejar las cosas, y también los dos trabajadores que me ayudan muchísimo, muchísimo. O sea, dejo a los animales en muy buenas manos siempre.

Una cosa que sí he notado es que a mi familia no le gusta decirme si algo pasó en la granja cuando estoy de viaje. La cosa es que, claro, si tengo que presentar algún premio y me dicen que algo malo pasó en la granja, seguro me distraigo y eso sería malo. Y no es como que yo les haya pedido que no me cuenten, sino que lo hacen por mí porque, de todas maneras, ¿qué podría hacer estando lejos? Más bien ellos resuelven las cosas y después me cuentan qué pasó y cómo lo solucionaron.

Porque... uf, granjer@s, ¡no se imaginan lo impresionante que es estar en unos premios! La primera vez que me invitaron a unos en México fue como presentador, pero igual fue hermoso porque me di cuenta de que ya pertenecía a una comunidad de creadores, que las personas me reconocían y que había gente allí por mí. Yo no me lo podía creer. A pesar de que era mi primera vez como presentador, yo no sentía nervios, sino muchísima, muchísima emoción. Además, lo mejor fue conocerlos a ustedes y también hacer turismo por la zona porque no todo puede ser trabajo, jajaja.

Después de esa primera vez, he vuelto harto a México a varios premios más y afortunadamente me he ganado muchos gracias a ustedes. Ah, y otro de mis viajes favoritos fue a Chile porque, además de pasar unos días inolvidables, conocí por primera vez la nieve. ¡Es increíble y una locura, de verdad! Es que... ¿cómo se los explico? Yo siempre me la paso en la granja, con mi familia y los animales. **Todo es muy tranquilo y muy solitario en el campo.** Y obvio veo que tengo muchos seguidores en redes sociales y leo los comentarios y todas esas cosas... pero verlos a ustedes en unos premios, gritando: "¡Borrego, Borrego!", haciendo bulla cuando salgo, cuando gano algo o cuando me nominan... Uf, eso es algo indescriptible. En esos momentos me siento como una celebridad y es muy chévere sentir ese apoyo.

Por eso siempre que los veo trato de compartir harto con ustedes, porque sé que hicieron muchos esfuerzos para estar ahí y porque yo también fui un fan, de hecho lo sigo siendo, y sé que es chévere que tu creador favorito pase un tiempo contigo. ¡Gracias por tanto, granjer@s!

Ahora voy a contarles tres experiencias increíbles que he vivido en diferentes premios y que jamás se me van a olvidar en la vida.

LOS ELIOT AWARDS

Resulta que cuando tenía 14 años me invitaron a unos premios en México, que se llaman los Eliot Awards. Nosotros llegamos al aeropuerto y vimos que un carro nos estaba esperando, pero con mucho afán. Era como "súbanse rápido, tenemos que llegar a los premios, vamos, vamos". Granjer@s, yo les juro que no entendía el afán, pero igual nos fuimos con el señor sin saber muy bien qué estaba pasando.

Y pues... normal, llegamos al auditorio donde estaba toda la gente y me senté con los otros nominados. Yo seguía con la ropa del aeropuerto, pero la verdad no me importó porque, según yo, ese era un ensayo para preparar lo de los premios de verdad. Pero entonces empecé a ver que unas chicas que estaban nominadas iban vestidas súper producidas.

Luego alguien me preguntó: «¿qué vas a decir si ganas?». Y yo: «ay, pues no sé, me invento algo, jajaja». ¡Yo no tenía nada preparado! Pero, igual, era un ensayo, no pasaba nada. De repente alguien en la tarima dijo: «y el ganador es... ¡La Granja del Borrego!». Yo ni me paré porque pensé que estaban molestando. A veces en los ensayos dicen el nombre de todos los nominados y así.

Pero ¡todo era real, granjer@s! Me empezaron a decir que me parara, que había ganado, que ese no era un ensayo. ¡Uf, fue una locura! Ahí obvio me paré rápido, dije lo primero que se me ocurrió y... sí, ese fue mi primer premio por la categoría *How To*, de tutoriales. Todavía no puedo creer que pensara que era un ensayo, qué bobo, jajaja.

LOS TIKTOK AWARDS

En estos premios yo estaba nominado en la categoría de *Lo aprendí en TikTok*, que es de contenido educativo. La verdad es que estaba nervioso porque no sabía si iba a ganar y uno va allí como sin esperanza, a ver qué pasa, ¿no? O sea, no pasa nada si uno no gana, granjer@s, pero es lindo ver que te reconocen.

En fin, empezaron los premios y... voy a contarles algo que no se nota mucho en las transmisiones o los *lives* y es que la gente siempre está muy apagada. Es como que cada *influencer* está muy metido en su mundo, hablando con sus amigos, y si gana alguien más es como «bravo, bravo, woooo, ya, siguiente». Fue justo por eso que me sorprendí tanto cuando todo el mundo me aplaudió como loco cuando dijeron mi nombre entre los nominados.

Wow, granjer@s, fue muy impresionante porque les juro que eso no había pasado con nadie más. Ahí sí se escucharon gritos y aplausos de todo el auditorio y hasta había gente coreando: «¡Borreguito! ¡Borreguito!». Y eso fue con la nominación. Cuando ya me gané el premio, fue muy bonito porque volvieron a gritar y eso me puso muy feliz. ¡Incluso alguien que estaba en mi misma categoría me dijo que votó por mí! **Ese momento fue muy especial y luego subí al escenario para dedicarle el premio a mis animales...** ¡y todo el público se volvió loco otra vez! Ay, pucha, les juro que nunca me voy a olvidar de eso y de todo el apoyo que me dieron otros amigos, *influencers* y ustedes, granjer@s, cuando me bajé de allí. ¡Gracias!

TIKTOK AWARDS: "LO APRENDÍ EN TIKTOK".

LOS KIDS' CHOICE AWARDS

Me acuerdo de que la primera vez que fui a México fue porque los Kids' Choice Awards me invitaron a hacer unos retos durante los premios. Esa vez no estaba nominado, pero fue una experiencia muy especial porque ya me estaban teniendo en cuenta y me estaba haciendo conocido. ¡Yo estaba feliz!

Y ya el año pasado, que sí era parte del *squad* de los Kids' Choice y sí estaba nominado, ¡gané en la categoría de *Soñando en grande*! Ay, granjer@s, la verdad es que fue algo muy divertido porque ya no solo estaba en los retos, sino presentando premios, nominado y ganándome uno. Me gustó mucho ver mi avance en esos años y me sentí mucho mejor haciendo entrevistas y presentando.

Además, cuando uno está allá, todo pasa muy rápido. Me iban llevando de un lado a otro de la tarima porque ellos sabían que iba a ganar y tenían que dejarme cerca. ¡Y luego dijeron «el ganador es... ¡La Granja del Borrego!». Uf, amo esos momentos, granjer@s, porque siento que nuestro trabajo con los animales y la granja está sirviendo para que muchos aprendan más del campo. ¡Ah! ¡Y nos llenaron de *slime*! ¿Se acuerdan de eso?

KID'S CHOICE AWARDS: "SOÑANDO EN GRANDE".

¿EN QUÉ ME GASTO EL DINERO QUE ME GANO?

Uy, recuerdo que con el primer pago grande que recibí lo que hice fue remodelarles el corral a las gallinas y quedó hermoso, granjer@s. Y pues, sí, básicamente la mayor parte del dinero que me gano lo vuelvo a invertir en la granja o lo ahorro para unos proyectos que quiero hacer en el futuro.

La verdad es que, desde el principio, incluso cuando vendíamos las cubetas de huevos y esas cosas, mi hermano Juancho y yo ahorrábamos lo que podíamos para comprar cualquier cosita que se necesitara de la granja. Y, uf, es que no se imaginan lo caro que es todo lo que se necesita para la granja. Y al principio tuvimos muchos gastos porque acuérdense de que mi papá y yo prácticamente la reconstruimos toda desde cero porque estaba muy abandonada. No había cercas ni nada, entonces tuvimos que comprar materiales de construcción, madera, de todo, de todo.

El proceso ha sido de trabajo duro, casi de domingo a domingo, y creo que por eso a la gente le gusta mi contenido, porque me ven trabajando, haciendo cosas, echándome bultos al hombro, atendiendo a los animales... Y a mí sinceramente me gusta mucho más eso que crear otro tipo de contenido. Además, yo disfruto planeando las mejoras para la granja. Por ejemplo, ahora los animales tienen unos corrales que son unas hermosuras, pero ya mandé a hacer unos nuevos con un arquitecto que usa mejores materiales y, uf, van a quedar espectaculares y, lo más importante, los animales van a estar felices.

Y es que ese es mi sueño, que la granja sea el mejor lugar posible para mis animales, que tenga mucha tecnología, luces, filtros de agua... y todo eso cuesta dinero. Y, o sea, ahora vivo con mis papás, pero también quiero construirme mi propia casa en los terrenos de la granja, que son gigaaaantes. Aunque también creo que en el futuro vamos a tener que comprar más terrenos de los alrededores porque la granja va a seguir creciendo, granjer@s, ¡y ya quisiera mostrarles todas las ideas que tengo en mente y que espero que se hagan realidad!

¡Lo mejor posible!

MI PRIMER EMPRENDIMIENTO

¡Granjer@s, oficialmente soy emprendedor!

Si me siguen en mis redes, ya saben de qué les voy a hablar, pero aquí les quiero contar la historia que hay detrás de mi primer emprendimiento: café «La Floresta».

Todo empezó porque queríamos sacar un producto desde hacía mucho tiempo, pero pensábamos y pensábamos y nada nos convencía... Al final llegamos al café por mi abuelo. Durante toda su vida, él fue cafetero y trabajó en una finca que le dio mucho durante la Bonanza Cafetera de Colombia. ¡Con eso fue que él compró la granja en la que estamos ahora!

Con esa idea, mi papá nos empezó a contar de lo importante que había sido el café para ellos y cómo el abuelo lo ponía a trabajar en las vacaciones del colegio para que recogiera café, lo secara y todos los demás procesos. ¡Y por todo eso escogimos el café! Viene de nuestra historia, nos representa y tanto mi mamá, como mi papá, mis hermanos y yo tomamos café TODO. EL. DÍA. La granja no funcionaría igual si no tomáramos café, ¡se los juro!

Decidimos ponerle «La Floresta» al café porque hay algo que no saben, granjer@s, y es que el nombre original que le puso mi abuelo a la granja era ese, ¡La Floresta! Nos gustó mucho usar ese nombre para honrarlo y agradecerle por todo.

Uf, pero aquí no acaba todo porque el proceso para escoger qué café íbamos a vender fue largo. De verdad, no se imaginan todo lo que llevamos trabajando en eso. Nosotros queríamos un café de muy buena calidad y que nos gustara a todos, entonces viajamos para catar (ehhh... qué elegante suena, ¿no? Catar significa probar) diferentes tipos de café en varias fincas de Antioquia. Allí nos enseñaron mucho de las notas, las cosechas y todos los procesos que hay detrás de una taza de café. ¡Y obvio grabamos! De hecho, pueden ver todo eso en este QR.

PROCESO DEL CAFÉ.

Y así trabajamos durante mucho tiempo hasta que por fin presentamos el café. ¡Lo logramos, granjer@s! Primero lanzamos la página web para que el café «La Floresta» pudiera comprarse en Colombia... ¡y la primera producción se agotó muy rápido! Pucha, de verdad, fue increíble.

La buena noticia es que, para cuando estén leyendo este libro, el café ya estará disponible para todo el mundo, ¡lo van a poder pedir desde donde sea que estén! No saben lo feliz que me hace que puedan compartir conmigo un pedacito de todo el trabajo duro que hay detrás de este proyecto. ¡Gracias por creer en mí, granjer@s!

NO LE PONGO ATENCIÓN AL *HATE* PORQUE LO IMPORTANTE ES LO POSITIVO

Ay... bueno, el *hate* es inevitable en redes sociales, sobre todo cuando hay videos que se vuelven virales y esas cosas, pero la verdad es que yo no me concentro en eso porque sé que estoy haciendo bien mi trabajo, que la gente está aprendiendo con mi contenido y que, si alguna vez me equivoco, puedo reconocerlo sin ningún problema. **Es mejor enfocarse en lo positivo y en transmitir mensajes buenos.**

A mí me gusta mucho saber que ustedes han aprendido con mis videos y que me lo digan cuando me ven en la calle o en diferentes eventos, ¡eso es muy chévere!

Por ejemplo, cuando estuve en Chile, un joven de mi edad me mostró en su teléfono que había hecho un jardín viendo los videos de la granja. Y eso pasa harto, que hay personas de todas las edades que me dicen que quieren tener su huerto, que quieren tener gallinas y que entienden más del campo y de los animales por mí.

Para mí es muy importante que a los niños y a los jóvenes les empiece a gustar todo lo relacionado con la granja porque hoy en día la edad promedio de los campesinos es de más de 55 años, entonces nos vamos a quedar sin gente que cultive la tierra y no es por exagerar, pero, si eso pasa, nos vamos a morir de hambre. No podemos dejar que eso suceda, así que con mi contenido quiero que entiendan que hay que cuidar el campo, que hay que cuidar el planeta y que hay que valorar a los campesinos.

O sea, no necesariamente tienen que conseguirse su propia granja o su propia finca, granjer@s. Pueden hacer cosas sencillas como ir a una plaza y comprarle los tomates a un campesino. O díganles a sus familias que, si van a mercados o plazas, no les negocien hacia abajo el precio a los campesinos porque hay mucho trabajo detrás de lo que hacen y se merecen respeto por su labor. Entre todos podemos crear pequeñas comunidades que entiendan lo importante que es el campo para la vida de ciudad que muchas personas disfrutan, granjer@s. ¡Y sé que cuento con ustedes para que me ayuden a repartir este mensaje!

PARTE 2

GUÍA PARA
SER UN GRANJER@

¡Aquí van unos tips rápidos para ser granjer@!

Alista tus botas, tu sombrero, un overol y las herramientas necesarias para empezar con estos tutoriales.

Y AHORA A SEMBRAR, ¡SIGAN ESTOS TUTORIALES!

Esto aún no termina, granjer@s. Una de las cosas que más me gusta compartirles son trucos para que puedan aprender a sembrar sus propios alimentos. Les juro que la sensación que llega cuando el cultivo da frutos es única. En mi caso me hizo creer que, si había logrado eso, era capaz de todo. Pero, además, el sabor es incomparable, se siente natural y muy real. Y eso hoy en día es cada vez más escaso. Así que manos a la obra, ¡empecemos!

¿CÓMO SEMBRAR LECHUGA?

Lo que necesitan:

- Semillas de lechuga.
- Tierra fértil o abonada.
- Humus de lombrices o compost.
- Macetas de diferentes tamaños.
- Un tenedor.

MIREN
ESTE
VIDEO.

PASOS:

1. El primer paso se llama germinado. Aquí tienen que agarrar las semillas de lechuga y plantarlas en una maceta con tierra fértil o abonada. Como las semillas de lechuga son tan pequeñas, solo déjenlas encima de la tierra para que puedan germinar. Si las entierran, nunca van a salir porque no tienen taaaanta fuerza.

2. Luego échenles un poquito de agua para que se adhieran y se compacten a la tierra. Algo curioso de las lechugas es que germinan muy rápido, más o menos en cinco días.

3. El segundo paso se llama aclareo y repicado. En este momento hay que seleccionar los germinados

de lechuga que estén más grandes. Pueden ayudarse de un tenedor para poder tomar la raíz. ¡Y, ojo, granjer@s! Sean muy cuidadosos con ella.

4. Cuando hayan sacado el germinado con la raíz, tienen que trasplantarlo a una macetica individual con tierra negra también. No se olviden de regarlas con agua de vez en cuando.

5. El tercer paso se llama trasplante. Para esto es importante tener un suelo con un muy buen sustrato y que drene muy bien. Yo, por ejemplo, uso humus de lombriz y un poquito de compost. Lo de que drene es lo principal porque si el suelo se encharca, la raíz de la lechuga se pudre y se muere toda. Aquí lo que tienen que hacer es sacarla de la macetica individual cuando haya crecido más y trasplantar la lechuga al suelo más amplio. ¡Y no se olviden de la raíz!

6. ¡Y listo, granjer@s! Después de un mes o un mes y medio, van a tener sus lechugas.

¿CÓMO SEMBRAR TOMATES DE UNA MANERA CREATIVA?

Lo que necesitan:

- Una botella plástica de un galón.
- Una plántula de tomate.
- Una esponja.
- Tierra negra.
- Alambre.

MIREN ESTE VIDEO.

PASOS:

1. Van a quitarle el rabo a una botella plástica de un galón.

2. Consigan una plántula de tomate y rodéenle el tallo con una esponja húmeda.

3. Luego metan el tallo con la esponja por la boca de la botella. ¡Aquí es muy importante que eso quede fijo allí, granjer@s!

4. Pídanle a alguien que les sostenga la botella cortada bocabajo y échenle tierra negra con cuidado de que no se salga la plántula con la esponja por debajo.

5. Después pueden ponerle un alambre a la botella por la parte cortada para que cuelguen su maceta de tomate en algún lugar.

6. ¡Y listo, échenle agua regularmente a la maceta y esperen a que salga el tomate! Este método es ideal por si viven en apartamentos y quieren hacer su propio huerto urbano, granjer@s.

¿CÓMO GERMINAR SEMILLAS DE FRESAS?

Lo que necesitan:

- Una fresa con semillas negras por fuera.
- Cuchillo.
- Maceta plana.
- Tierra negra.
- Papel de cocina.

MIREN ESTE VIDEO.

PASOS:

1. Escojan una fresa que tenga las semillas negritas, negritas, por fuera.

2. Con mucho cuidado, córtenle la piel a la fresa y sáquenla en tajadas. ¡En serio, con cuidado!

3. Lo siguiente es que tienen que echar bastante tierra negra en un recipiente o matera plana.

4. Encima de esa tierra, pongan un papel de cocina y ubiquen allí los pedazos de la piel de la fresa que cortaron antes.

5. Y ahí le tienen que poner otra capa delgadita de tierra encima.

6. Después hay que humedecer eso muy bien y tapar el recipiente o matera para que se conserve el calor y la humedad. ¡Como en un invernadero, granjer@s!

7. Luego nos queda esperar a que germinen. ¡Cuéntenme si lo intentan en su huerto casero!

¿CÓMO SEMBRAR DURAZNOS?

Lo que necesitan:

- Semillas de durazno.
- Alicate o rompenueces.
- Un vaso.
- Agua.
- Papel aluminio.
- Servilletas.

MIREN ESTE VIDEO.

PASOS:

1. Primero tenemos que abrir la pepa del durazno porque es durísima. Para eso nos podemos ayudar de unos alicates o unos rompenueces.

2. Cuando hayan roto el cascarón, saquen las semillas que encuentren ahí.

3. Después hay que dejar las semillas en un vaso con agua durante 24 horas.

4. ¡Ahora sí empezamos con la germinación, granjer@s! Corten un buen trozo de papel aluminio y póngale una servilleta de papel encima.

5. Humedezcan la servilleta, ubiquen las semillas allí, pongan otra servilleta encima y vuelvan a humedecer todo eso.

6. Luego tienen que doblar las esquinas del aluminio y de las servilletas hacia dentro para que tapen las semillas y queden selladas.

7. Y ahora... ¡a tener paciencia! Sí, granjer@s, eso tiene que pasarse cinco semanas en la nevera.

8. Después de ese tiempo, las sacan y van a ver que ya germinaron y están listas para trasplantarlas a una matera. Interesante, ¿verdad?

¿CÓMO SEMBRAR BIEN UNA PIÑA?

Lo que necesitan:

- Semilla de piña.
- Suelo fértil.
- Agua.

MIREN ESTE VIDEO.

PASOS:

1. Lo primero que tienen que saber es que la planta de la piña tiene varias semillas. Una es la semilla axial, que es la que crece a un lado de la mamá. Y la otra es la semilla basal, que es la central y más grande. Yo les recomiendo sembrar con esa y no con la que está en la cabeza de la fruta porque con esa les va a salir una piña chiquitiiica.

2. Entonces, agarran la semilla basal, hacen un hueco en la tierra y la meten allí para que quede bien apretada.

3. Lo ideal es plantarla en un clima cálido y entre los 900 y 1.400 metros sobre el nivel del mar. Obviamente tienen que regar el cultivo siempre y... ¡esperar un año a que salgan las piñas para cultivarlas!

¿CÓMO SEMBRAR BORE U OREJA DE ELEFANTE?

Lo que necesitan:

- Un tallo de bore
  o plántulas de bore.
- Tierra fértil.
- Agua.
- Cuchillo.

MIREN ESTE VIDEO.

PASOS:

1. Si usan una plántula, lo único que tienen que hacer es abrir un hueco en la tierra, plantarla... y ya. ¡Muy fácil!

2. Si van a usar el tallo, primero tienen que quitarle toda la corteza y los crecimientos que tenga por fuera.

3. Cuando hagan eso, van a ver que el tallo queda como con unos botoncitos. ¡Granjer@s, tienen que quitarle al tallo lo que recubre esos botoncitos o no va a germinar!

4. Después corten una parte del tallo en discos de unos dos centímetros de grosor.

5. A lo que les quede del tallo, quítenle solo los botoncitos.

6. Da igual si van a sembrar los discos o los botoncitos, el proceso es el mismo: abren un hueco, lo meten dentro y lo tapan con tierra.

7. Recuerden que a esto tienen que echarle agua muy seguido.

8. ¡Y listo! Ahora tienen que esperar unos veinte días para que germinen y crezcan un poquito.

¿CÓMO SEMBRAR PLÁTANO DE LA FORMA CORRECTA?

Lo que necesitan:

- Colinos o bretones de plátano.
- Tierra fértil.
- Agua.
- Pala.

MIREN ESTE VIDEO.

PASOS:

1. Lo primero es conseguir unos colinos o bretones de plátano, que son básicamente unos tallos que salen al lado de la mata mamá del plátano. O sea, vendrían siendo las "semillas".

2. Hay que limpiar los colinos, quitarles las ramas innecesarias y el exceso de tierra alrededor de la raíz.

3. Después tienen que hacer un hueco en la tierra con la pala para meter el colino allí.

4. El siguiente paso es taparlo con la misma tierra y echarle agua.

5. ¿Adivinan cuál es el paso final? ¡Claro que sí! Esperar, esperar y esperar a que crezca, granjer@s, jajaja.

TUTORIALES PARA PLANTAR Y CUIDAR HUERTOS

Todo buen granjero necesita botas, un sombrero, ropa de trabajo, animales para cuidar y... ay, siento que se me olvida algo. ¡Pucha, claro! ¡Plantas y cultivos! Y no solo plantas y cultivos, sino que deben saber cómo crear huertos, cómo cuidar a las plantas de las plagas que pueden aparecer y cómo aprovechar los residuos de la granja para que todo crezca muy bien. Pero no se preocupen, granjer@s. ¡Aquí les voy a dejar los mejores tutoriales para esto!

¿CÓMO HACER UN HUERTO URBANO?

Lo que necesitan:

- Una botella plástica de 3 litros o más.
- Tierra.
- Abono.
- Tijeras.
- Semillas de hierbas o plantas pequeñas (albahaca, perejil, lechuga, espinaca, etcétera).

MIREN ESTE VIDEO.

PASOS:

1. Primero corten con cuidado la botella por la mitad.

2. Después ábranle unos huequitos pequeños a la parte de abajo de la botella que cortaron.

3. Ahora tienen que llenar la parte de abajo de la botella con tierra mezclada con un poquito de abono.

4. Y es en esa tierra en donde pueden plantar las semillas.

5. Échenle un poquito de agua a la tierra, pero ¡poquito! ¡No vayan a ahogar las semillas!

6. Luego vuelvan a poner la parte de arriba de la botella encima del huerto para que se cree un efecto invernadero y el calor haga que las semillas germinen.

7. No se olviden de ubicar el huerto encima de un plato o plástico para que el agua que se sale por los huecos de abajo no se esparza por todas partes. ¡No queremos regaños de las mamás!

8. Y lo último es que rieguen el huerto todos los días. Prométanme que no se les va a olvidar.

9. Y ya, después de diez días empezarán a germinar sus semillas. ¡Es muy fácil! ¿No creen, granjer@s?

¿CÓMO HACER UN REPELENTE DE AGUACATE PARA LOS CULTIVOS?

Lo que necesitan:

- La pepa de un aguacate.
- Una olla.
- Un rallador.
- Un trapo.
- Un colador.
- Un aspersor.

MIREN ESTE VIDEO.

PASOS:

1. Primero tienen que cortar el aguacate por la mitad (¡o pidan ayuda, granjer@s! Cuidado con los cuchillos) y sacarle la pepa.

2. Pongan a hervir 1 litro de agua.

3. Mientras el agua hierve, rallen toooda la pepa del aguacate. ¡Ojo con los dedos!

4. Echen la ralladura de la pepa en el agua hirviendo.

5. Pónganle un trapo encima a la olla con el agua y la ralladura y dejen reposar eso durante 24 horas.

6. Después de ese tiempo, cuelen el agua y pásenla a un aspersor.

7. Ahora hay que mezclar el agua de ese aspersor con otro litro de agua normal para que eso se diluya un poco porque queda bieeeen fuerte, granjer@s.

8. ¡Y listo! Apliquen eso directamente en las plantas cada que haya plagas y hasta que se vayan. ¡Huerto salvado!

¿CÓMO PREPARAR UN REPELENTE DE AJO, CEBOLLA, RUDA Y AJÍ PARA LOS CULTIVOS?

Lo que necesitan:
- Tres dientes de ajo.
- Una cebolla.
- Un ají.
- Hojas de ruda.
- Una olla.
- Un trapo.
- Un colador.
- Un aspersor.

MIREN ESTE VIDEO.

PASOS:

1. Si saben usar un cuchillo, piquen muy bien los dientes de ajo, la cebolla, el ají y las hojas de ruda. Si no, ¡pidan ayuda, granjer@s!

2. Pongan a hervir un litro de agua.

3. Cuando hierva, echen todos los ingredientes picados a la olla.

4. Después dejen reposar eso con un trapo encima durante tres días. Ojalá puedan dejarlo en un

espacio cerrado y que no usen mucho porque huele asqueroso, jajaja. ¡Perdón, pero funciona!

5. Cuando pasen esos días, cuelen la mezcla y échenla en un aspersor.

6. Como con el otro repelente, también tienen que agregarle al aspersor otro litro de agua normal.

7. ¡Y tenemos repelente, granjer@s! Ya solo tienen que usarlo según lo necesiten para los cultivos. A mí, por ejemplo, me sirvió mucho para ahuyentar una plaga de mariposas blancas. ¡Y lo bueno es que esto ahuyenta a las plagas, no las mata!

¿CÓMO HACER UN REPELENTE DE CÁSCARA DE NARANJA PARA HORMIGAS?

Lo que necesitan:

- Una naranja MUY podrida.
  (con costra blanca por encima).
- Un balde con agua.
- Guantes.
- Tapabocas.
- Una cuchara de madera.
- Un aspersor.

MIREN ESTE VIDEO.

PASOS:

1. Es muy importante usar guantes y tapabocas para hacer este repelente porque vamos a tocar el hongo de la cáscara de la naranja.

2. Después de ponerse eso, metan la naranja en un balde con agua.

3. Empiecen a batirla en el agua con la cuchara de madera hasta que el hongo blanco se le suelte de la cáscara (suena más asqueroso de lo que es, se los prometo, jajaja).

4. Saquen la naranja y bótenla o úsenla para el compost.

5. Echen el agua con las partículas blancas del hongo en un aspersor.

6. Y ya quedó listo. Ahora pueden rociar la mezcla del aspersor alrededor de las plantas afectadas por las hormigas. ¿Qué pasa ahí, granjer@s? Las hormigas que pasen por allí se van a impregnar del hongo de la naranja y se lo van a llevar al hormiguero. Ese hongo no es compatible con el que tienen en el hormiguero, entonces van a tener que mudarse de allí y alejarse de las plantas que estaban atacando. ¡Aclaro! Esto mata el hongo del hormiguero y no a las hormigas, tranquilos.

¿CÓMO HACER MICROGERMINADOS PARA HUMANOS?

¿Sabían que las plantas tienen varias etapas, granjer@s? Tenemos la siembra, la germinación, el crecimiento, la cosecha y la flor. En la etapa de germinados, las plantas tienen muchísimos nutrientes, entonces es bueno preparar cosas de comer con estos ingredientes. ¡Veamos cómo se hace!

Lo que necesitan:
- Semillas de chía, ajonjolí, lentejas, brócoli, mostaza, coliflor, girasol, trigo, etcétera.
- Una bandeja plana.
- Agua.

MIREN ESTA OPCIÓN CON LENTEJAS.

MIREN ESTA OTRA OPCIÓN CON SEMILLAS DE CHÍA.

PASOS:

1. Esparzan todas las semillas sobre la bandeja plana.

2. Humedézcanlas con agua dos veces al día.

3. Esperen de cinco a siete días para que aparezcan los microgerminados.

4. ¡Y ya está! Recójanlos y úsenlos para comidas, ensaladas y todas esas cosas.

¿CÓMO APROVECHAR LOS DESPERDICIOS Y HACER COMPOST?

Lo que necesitan:
- Desechos orgánicos de la cocina (lechuga dañada, cáscara del plátano, piel de papa, fruta podrida, ese tipo de cosas).

MIREN ESTE VIDEO.

- Aserrín seco, hojas secas y trituradas o cartón en pedacitos.
- Tierra negra.
- Un balde grande.

PASOS:

1. Echen una capa de tierra negra en el fondo del balde.

2. Después pongan una capa de material seco muy triturado y pequeño encima (las hojas, el aserrín, etc...).

3. Arriba de esa capa, hagan una de desechos orgánicos que también deben ir muy, muuuy picados.

4. Al final pongan una última capa de tierra negra.

5. Si van a echar más residuos, tienen que repetir el proceso de las capas.

6. Esperen tres o cuatro meses para que el compost se madure. Por cierto, es normal que el balde se caliente un poco durante este proceso, pero ¡no se preocupen!

7. Al final eso puede usarse como abono y es una manera increíble de aprovechar los residuos, granjer@s. ¿Ya conocían este proceso?

¿CÓMO HACER TRAMPAS CROMÁTICAS?

Las trampas cromáticas son trampas de colores específicos que atraen a los insectos para que se queden pegadas allí y no se coman los cultivos y se conviertan en plagas. ¡Es muy fácil hacerlas!

Lo que necesitan:

- Dos carpetas de plástico (una azul y otra amarilla, ¡estos colores son muy importantes!).
- Un palo de madera.
- Miel.
- Un pincel.

MIREN ESTE VIDEO.

PASOS:

1. Peguen cada carpeta a un palo de madera.

2. Usen el pincel para untarles miel a las carpetas.

3. Claven los palos con las carpetas en medio de los cultivos. ¡Asegúrense de que quedan firmes!

4. Y listo, granjer@s, ahora hay que esperar a que los insectos se queden pegados a las trampas cromáticas y sacarlos del cultivo.

¿CÓMO HACER UN PROTECTOR SOLAR PARA PLANTAS?

Lo que necesitan:

- Un cristal de sábila.
- Agua.
- Licuadora.
- Colador.
- Aspersor.

MIREN ESTE VIDEO.

PASOS:

1. Metan el cristal de sábila con un poquito de agua a la licuadora.

2. Licúen eso hasta que esté completamente deshecho porque, si meten eso al aspersor y quedan pedazos, ¡no hay quién lo destape después!

3. Cuelen la mezcla y échenla al aspersor.

4. Lo último es aplicarles el repelente a las plantas a las que les dé directamente el sol para protegerlas. Lo mejor es hacerlo temprano por la mañana para que, al mediodía, cuando el sol está más fuerte, las plantas ya hayan absorbido el protector y estén bien protegidas. ¿A que no sabían que las plantas necesitaban protector solar, granjer@s? ¡Ja!

¿CÓMO HACER UN JARDÍN ETERNO?

Lo que necesitan:

- Un tarro de cristal transparente con tapa.
- Piedras medianas.
- Arena.
- Tierra negra y fértil.
- Malezas con raíz y musgos.
- Hojas secas.
- Agua.
- Un pedazo de bolsa plástica.

MIREN ESTE VIDEO.

PASOS:

1. Abran el tarro de cristal y metan las piedras medianas al fondo.

2. Después pongan la arena para que sea una especie de filtro.

3. Arriba de eso, echen un poquito de tierra negra y fértil.

4. Planten allí las malezas y ubiquen el musgo alrededor.

5. Trituren las hojas secas y hagan que queden en contacto con la tierra porque tienen microorganismos buenos que servirán de abono.

6. Pónganle unas gotas de agua a la tierra.

7. Cojan el pedazo de la bolsa plástica y aseguren bien la tapa del tarro con eso. ¡Es muy importante que quede mega, mega, mega hermético, granjer@s!

8. No vuelvan a abrirlo nunca. ¡Magia! No, mentiras. ¿Qué pasa? Las plantas mueren y vuelven a nacer porque el agua se evapora y luego vuelve a caer, entonces así se alimenta eternamente el ecosistema.

¿CÓMO HACER UN SISTEMA DE RIEGO CASERO?

Lo que necesitan:

- Tiras de lana.
- Un recipiente.
- Agua.
- Una piedra.
- Plantas.

MIREN ESTE VIDEO.

PASOS:

1. Llenen el recipiente con agua.

2. Dependiendo del número de plantas para regar, aten esa misma cantidad de tiras de lana a la piedra. Por ejemplo, si son tres plantas, hay que pegarle tres tiras de lana a la piedra, ¿sí me entienden?

3. Dejen el recipiente con agua a una altura mayor a la de las materas de las plantas.

4. Metan la piedra al fondo del recipiente y dejen las tiras de lana por fuera.

5. Pongan cada tira de lana en la tierra de las materas de las plantas.

6. ¡Sistema listo! Ahora esperan a que el agua se absorba por las tiras de lana y vaya viajando hacia las plantas. Si el agua no se acaba, las plantas seguirán regadas durante muchos días con este sistema de riego. ¿Qué les parece, granjer@s?

LIFEHACKS PARA LOS ANIMALES

Esta parte es una de mis favoritas del libro, granjer@s. Les juro que si ponen en práctica mis consejos, sus animales serán mucho más felices y, además, evitarán tener algunos problemitas con su granja. Yo, que ya pasé por eso, me siento feliz de compartirles esto y evitarles dolores de cabeza. Aunque sí es cierto que de todos los errores se aprende y eso es lo más emocionante de crecer en medio de la naturaleza, donde todo es posible. ¿Me puse muy profundo? Jajaja.

¿CÓMO HACER UN JUGUETE PARA GALLINAS?

Lo que necesitan:

- Una botella mediana.
- Comida para gallinas o maíz.
- Tijeras.
- Embudo.

MIREN ESTE VIDEO.

PASOS:

1. Lo primero que hay que hacer es abrir la botella y meter la comida de las gallinas dentro con un embudo. Eso sí, ¡no la llenen del todo!

2. Después cojan las tijeras y háganle huequitos a la botella. Tienen que ser lo suficientemente grandes como para que la comida se salga, pero que no se riegue tan fácil, ¿sí me entienden?

3. Luego tapan la botella y ¡listo! Se las pueden dejar en el potrero o en el corral a las gallinas y ellas se van a divertir moviéndola por todas partes mientras van sacando la comida.

¿CÓMO CREAR SNACKS VISCOSOS PERO SABROSOS PARA LAS GALLINAS?

Lo que necesitan:

- Una tabla.
- Un potrero.

MIREN ESTE VIDEO.

PASOS:

1. Cojan una tabla o un pedazo de madera que encuentren por allí y vayan a un potrero.

2. Busquen un lugar que esté húmedo y donde haya pasto y tierra.

3. Dejen la tabla allí durante una semana. ¡Ojalá llueva para que haya mucha humedad!

4. Vuelvan por la tabla y levántenla. ¡Granjer@s, allí se van a encontrar un montón de lombrices y eso les encanta a las gallinas!

¿CÓMO SABER SI UN HUEVO DE GALLINA ESTÁ FECUNDADO O NO?

Lo que necesitan:

- Un celular con linterna.
- Huevos de gallina.
- Un lugar muy oscuro.

MIREN ESTE VIDEO.

PASOS:

1. Esto normalmente se hace con un ovoscopio, que es básicamente una linterna para examinar huevos, pero nadie tiene de eso, entonces lo más fácil es irse a un lugar oscuro con un celular con linterna.

2. Cuando estén allí, prendan la linterna y pongan el huevo justo encima de la luz.

3. Si se ve toda la yema limpia por dentro y sin pedazos más oscuros, significa que el huevo no está fecundado. O sea, no hay un pollito adentro.

4. Si el huevo se ve con venitas o con pedazos más oscuros, entonces está fecundado y ¡tenemos pollito, granjer@s!

¿CÓMO SABER SI UN HUEVO ESTÁ VIEJO O FRESCO?

Lo que necesitan:

- Un tazón.
- Agua.
- Huevos.

MIREN ESTE VIDEO.

PASOS:

1. Esto es súper fácil, granjer@s. Solo tienen que meter el huevo en el tazón con agua.

2. Si el huevo se hunde hasta el fondo, está fresco, ¡casi recién salido de la gallina!

3. Si el huevo se queda en medio del agua o flota, significa que está viejo y es mejor no comérselo, granjer@s.

4. Y ahora... ¡la explicación! Resulta que los huevos son porosos. O sea, les va entrando aire con el tiempo y adentro se les crea una cosa que se llama cámara de aire. Entonces, si el huevo está recién puesto, el aire no ha tenido tiempo de meterse, así que ¡se hunde! Y al contrario: si el huevo es viejo, se le ha metido más oxígeno y eso hace que flote.

¿CÓMO HACER UN BEBEDERO PARA GALLINAS?

Lo que necesitan:

MIREN ESTE VIDEO.

- Dos botellas de 3 litros con tapa.
- Un tornillo.
- Un tornillo con ojal.
- Un gancho.
- Cuerda.
- Una tuerca.
- Tijeras.

PASOS:

1. Este es un poquito más complicado, pero ¡se puede! Primero tienen que cortarle la parte de abajo a una botella.

2. Después háganle un hueco a la tapa y a la parte de abajo de la botella (el rabo). ¡Los dos huecos en el centro de cada cosa y del tamaño del tornillo que tengan!

3. Luego metan el tornillo en la parte inferior de la botella que cortaron. Debe ir de abajo hacia arriba.

4. Lo siguiente es que tienen que encajar la tapa bocarriba en el tornillo que pusieron en la parte recortada de la botella.

5. Y luego encajen la tuerca en el tornillo.

6. Casi para acabar, ábranle dos huequitos a la botella que no han cortado. Tienen que quedar muy cerca de donde está el hueco por el que uno toma, ¿sí me entienden?

7. También hay que abrirle un hueco en la parte de abajo a la botella que no está recortada. Por ahí metan y aseguren el tornillo con ojal.

8. Corten un pedazo de cuerda y amarren el gancho a un extremo. Después cuelguen eso del techo del gallinero. Eso sí, no se olviden de calcular la altura porque el bebedero tiene que quedar muy bajito.

9. Ahora llenen la botella grande de agua y enrosquen la tapa de la parte recortada como si fueran a cerrarla. ¡Y listo!

10. Ya pueden colgarla del techo y llamar a las gallinas, granjer@s.

AGUA

¿CÓMO HACER UN CEPILLO PARA VACAS?

Lo que necesitan:

MIREN ESTE VIDEO.

- Cepillos semiduros para lavar el piso.
- Tornillos.
- Un taladro.
- Un poste de madera.

PASOS:

1. Primero hay que enterrar bien el poste de madera en el potrero de las vacas.

2. Luego peguen varios cepillos al poste con tornillos y un taladro para que queden muy, muy fijos y no se caigan. Esto es mejor que lo hagan con ayuda de alguien, granjer@s, porque los taladros son peligrosos.

3. ¡Y ya! Es cuestión de tiempo para que las vacas encuentren el nuevo juguete y se empiecen a rascar con los cepillos porque eso les encanta.

¿CÓMO HACER UN JUGUETE PARA CERDOS?

Lo que necesitan:

- Una cadena.
- Una botella plástica.
- Piedras.

PASOS:

1. Midan la distancia desde el techo del corral hasta más o menos la altura donde queda la nariz del cerdo.

2. Corten la cadena con esa medida y ánclenla al techo para que quede bien firme.

3. Métanle muchas piedras a la botella y ciérrenla muy bien para que no se salga nada.

4. Aten la botella a la parte de abajo de la cadena para que quede colgando a la altura de la nariz del cerdo. ¡Y ya, fácil! A los cerdos les encanta empujar cosas con la nariz y morder, entonces se van a entretener mucho con esto.

¿CÓMO HACER MICROGERMINADOS PARA ANIMALES?

Lo que necesitan:

- Semillas de hierbas, vegetales o plantas comestibles pequeñas.
- Bandejas grandes.
- Agua.

MIREN ESTE VIDEO.

PASOS:

1. El proceso es el mismo que para los microgerminados para humanos, granjer@s, pero la única diferencia es que los animales comen más, ¡entonces hay que hacer más microgerminados y dejarlos crecer un poquito más!

2. En lugar de dejarlos germinar y regar las semillas durante una semana, háganlo durante unos diez días. ¡Y ahí tienen microgerminados para sus animales de granja!

SECRETOS DE LA GRANJA

Ahora que ya saben identificar huevos, hacer juguetes para muchos animales, crear microgerminados para darles algo más de alimento y otras cosas más... ¡es hora de que hablemos de un par de secretos! Pero shhhh... no se los pueden contar a nadie. ¿Me lo prometen? O, bueno, sí, pueden usar estos datos cuando estén hablando con una persona y quieran impresionarla. ¡De verdad! Son cosas que no muchos saben, se los juro.

¿CÓMO DIFERENCIAR A LOS CABALLOS, LOS BURROS Y LAS MULAS?

Bueno, granjer@s, ¡estoy seguro de que esto es lo que siempre han querido saber! Mi gran secreto es que yo no tengo dos caballos, sino un mular y un caballo. Cuzco es un mular, o sea que es hijo de un burro y una yegua (así se les dice a los caballos que son hembras) o de una burra y un caballo. Y algo curioso de los mulares (así se les dice a las mulas que son machos) y las mulas es que son estériles, ¡no pueden tener hijos! Eso pasa porque son una mezcla genética, son híbridos, y eso los hace algo... defectuosos, digámoslo así.

Por lo general, el tamaño de las mulas y los mulares depende de en qué animal se gestaron. Por ejemplo, si la mula o el mular salió de una yegua, va a ser más grande porque tuvo más espacio para desarrollarse en ese vientre. Pero si la mula o el mular salió de una burra, no va a ser tan grande porque el vientre de una burra es más pequeño que el de una yegua, entonces no tuvo tanto espacio para crecer. **Eso sí, granjer@s, sean del tamaño que sean, ¡mucho cuidado con las mulas y los mulares porque tienen una fuerza impresionante y patean más duro que los caballos!**

Y pues, sí, pasando a Negruras, él sí es un caballo y no tiene nada raro. Sus papás fueron un caballo y una yegua. Y los burros también son una especie propia y surgen de un burro y una burra. Ellos sí se diferencian porque son más pequeños que los caballos y tienen las orejas muuuucho más largas. Y, uf, a los mulares y a las mulas es más difícil reconocerlos porque, como lo han visto con Cuzco y Negruras, pueden parecerse mucho a los caballos, pero el truco es fijarse en la nariz y la trompa. Las mulas y los mulares tienen esa parte como con más curvas, mientras que los caballos la tienen más recta. ¡Vayan a ver un video en el que aparezcan Cuzco y Negruras y fíjense en eso, granjer@s!

¿CÓMO LEER LAS EXPRESIONES DE LOS CABALLOS?

Obviamente los caballos no pueden hablar, pero la verdad es que nos dicen muchísimas, muchísimas cosas... ¡con las orejas! ¡Es impresionante!

Por ejemplo, si un caballo tiene las orejas en su posición normal, moviéndolas en dirección a sonidos que aparezcan por ahí y tiene los ojos relajados, significa que está contento y bien.

Si el caballo tiene las orejas un poquito echadas para atrás, los ojos muy abiertos y la trompa alzada, quiere decir que tiene miedo de algo que está detectando a su alrededor.

Esta siguiente posición de las orejas puede representar peligro, entonces tengan mucho cuidado si ven a uno así. Si el caballo tiene las orejas MUY echadas para atrás y casi pegadas a la piel, significa que se siente muy amenazado y que puede empezar a patear o a lanzar mordiscos. En ese caso es mejor alejarse del caballo mientras se calma.

Si el caballo tiene los ojos bastante abiertos y las orejas echadas hacia adelante, quiere decir que está atento a lo que está pasando, pero no tiene miedo. Solo está muy pendiente de su alrededor y de las personas.

Y si el caballo tiene los ojos entrecerrados y las orejas relajadas y caídas hacia los lados, ¡es hora de dormir! ¡Ahí les va un dato! ¿Sabían que los caballos casi nunca duermen echados en el piso? Prefieren dormir parados porque cuando se van a dormir hacen algo para "trabarse" las rodillas y así descansan bien. Solo se duermen en el piso cuando están en un estado impresionante de confianza y relajación.

¿CÓMO PINTAR LAS MALLAS DE LOS CORRALES PARA VER MEJOR HACIA ADENTRO?

Lo que necesitan:

- Pintura negra para exteriores.
- Brocha.

MIREN ESTE VIDEO.

PASOS:

1. Esto es muuuy fácil, granjer@s. Solo tienen que pintar la malla del corral, que normalmente es plateada, de negro.

2. ¡Eso es todo! Pintarla de negro hace que se absorba más la luz del sol, así que se puede ver bien hacia dentro del corral sin que la luz se refleje en la malla.

¿CÓMO REGAR LAS PLANTAS DE UNA MANERA FÁCIL?

Lo que necesitan:

- Una botella plástica grande.
- Una puntilla muy delgada.
- Manguera.

PASOS:

AQUÍ ENCONTRARÁN OTRA IDEA PARA REGAR SUS PLANTAS.

1. Para esto tienen que agarrar la botella de plástico y hacerle huecos chiquiticos, chiquiticos en la parte de arriba (teniendo la botella en posición horizontal) con la puntilla.

2. Luego le quitan la tapa, ponen allí la manguera y se aseguran de que quede bien encajada para que el agua no se salga por arriba, sino por los huequitos.

3. Después dejan la botella con la manguera en medio del cultivo, abren la llave ¡y listo! Ahí tienen un aspersor de agua para el cultivo y, si lo hicieron bien, va a tener mucha presión y va a regar el huerto como si estuviera lloviendo.

¿CÓMO HACER UNA NEVERA DE CARBÓN?

Lo que necesitan:

- Palos de madera.
- Malla.
- Tablas de madera.
- Carbón.
- Martillo.

MIREN ESTE VIDEO.

PASOS:

1. Antes de explicarles esto, quiero aclarar que esta nevera en realidad no enfría, sino que mantiene las frutas y las verduras frescas. ¡Que no se les ocurra meter carne ni lácteos allí porque se les van a dañar!

2. Bueno, primero tienen que armar una especie de caja del tamaño que quieran con las tablas de madera. Lo importante es que tenga cuatro paredes y tapa, pero por debajo puede quedar el pasto.

3. Luego, por dentro de la caja, dejen unos cuantos centímetros en cada esquina y entierren los palos de madera con el martillo.

4. Ahora rodeen esos palos con la malla para crear dos espacios dentro de la caja: uno central grande y uno más pequeño entre la madera y la malla.

5. Metan el carbón en el espacio que está entre la madera y la malla.

6. Y listo, granjer@s, ya pueden meter sus frutas y verduras en el espacio del centro y tapar la caja para que se mantengan frescas. Ahí lo que pasa es que el carbón absorbe el calor de afuera y no deja que le llegue mucho a lo que está dentro de la "nevera".

¿CÓMO ATRAPAR CARACOLES CON UN CARTÓN PARA QUE NO SE COMAN EL HUERTO?

Lo que necesitan:

- Un pedazo de cartón.
- Agua.

MIREN ESTE VIDEO.

PASOS:

1. Lo primero es humedecer el cartón por ambos lados y, por la tarde, dejarlo al lado del cultivo en donde han visto muchos caracoles últimamente.

2. Al otro día levántense muy, muy temprano, entre 5:30 y 6:00, y vayan de una al huerto para sacar el cartón de allí.

3. Cuando lo levanten, van a ver que está lleno de caracoles por debajo porque les encantan los lugares húmedos y oscuros.

4. ¡Ojo a esto, granjer@s! Es muy importante que vayan por el cartón temprano porque, si dejan pasar más tiempo, los caracoles se activan para el día y se salen del cartón para comer en el cultivo otra vez.

5. Cojan esos caracoles con el cartón y reubíquenlos en algún sitio lejos del huerto para que no los molesten más.

¿CÓMO HACER UNA CUERDA CON UNA BOTELLA?

Lo que necesitan:

- Una botella plástica.
- Dos tornillos.
- Unas arandelas.
- Una tablita de madera de 50 centímetros.
- Un pedazo de alambre grueso de 30 centímetros.
- La hoja de un exacto.

PASOS:

1. Para empezar, tienen que meter los dos tornillos a la tabla de madera, con dos arandelas cada uno, y ubicarlos a unos cinco centímetros de distancia.

2. Luego pidan ayuda para meter la hoja del exacto entre los dos tornillos y entre las arandelas de cada tornillo, ¿sí me entienden?

3. Después, desde el tornillo de la derecha, miden a qué distancia queda el centro del fondo de la botella sobre la tabla, marcan ese punto y hacen un hueco ahí.

4. En ese hueco tienen que poner el pedazo de alambre grueso para que quede parado y vertical.

5. Con cuidado, córtenle la parte de abajo a la botella (el rabo).

6. Después metan lo que queda de la botella por el alambre y empiecen a girarla contra la hoja del exacto.

7. ¡Y ahí está la magia, granjer@s! Va a empezar a salirles cuerda plástica que pueden usar para diferentes cosas en la granja.

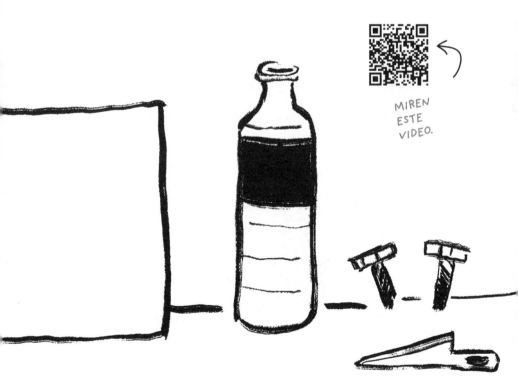

MIREN ESTE VIDEO.

¿CÓMO DESGRANAR EL MAÍZ CON GRAPAS?

Lo que necesitan:

- Una tabla.
- Grapas.
- Un martillo.
- Maíz.
- Un balde.

PASOS:

1. Esto es muy fácil porque solo tienen que pegar muchas grapas con el martillo a la tabla de madera. Pueden ser unas veinte, más o menos.

2. ¡Y luego está el momento de la verdad! Metan la tabla en un balde y froten el maíz contra las grapas para que se desgrane y todo caiga adentro.

¿CÓMO PASAR AGUA DE UN LADO A OTRO SOLO CON UNA MANGUERA Y SIN NECESIDAD DE ENERGÍA?

Lo que necesitan:

- Dos baldes.
- Una manguera.
- Agua.

PASOS:

1. Aquí tienen que llenar un balde con agua y dejar el otro vacío. Tienen que ponerlos cerca, granjer@s.

2. Después llenen el pedazo de manguera que vayan a usar con el agua de uno de los baldes.

3. El siguiente paso es tapar las dos salidas de la manguera, voltearla y dejar una parte sumergida en el balde con agua.

4. ¡Y listo! Destapan la manguera y el agua va a empezar a fluir de un balde a otro. Eso sí, como consejo, les digo que esto funciona mejor si el balde que tiene agua está un poquito más arriba que el balde que se va a llenar. Interesante, ¿cierto?

MIREN ESTE VIDEO.

¿CÓMO CORTAR LEÑA DE UNA MANERA ÉPICA?

Lo que necesitan:

- Dos llantas.
- Leña.
- Un hacha.

MIREN ESTE VIDEO.

PASOS:

1. Primero hay que poner una llanta encima de la otra para poder meter la leña adentro y que se sostenga.

2. Cuando la leña esté asegurada... bueno, no les recomiendo que manejen un hacha si son muy pequeños o nunca lo han hecho en la vida, jajaja. ¡Mejor pidan ayuda! Pero, sí, después solo tienen que darle a la leña con el hacha para que se parta. Y así es más fácil porque las llantas evitan que vuele por todas partes.

3. Y cuando digo que es fácil... ¡es mentira! ¡Cortar leña es complicadísimo, granjer@s, porque es muy dura! Pucha, hay que tener mucha fuerza, se los juro.

¡CHAO, GRANJER@S!

Después de todo lo que me ha pasado y lo que he aprendido hasta hoy, puedo decir que no soy el mismo granjero de hace unos años. Prácticamente soy un granjero diferente. Para mí, la granja dejó de ser solo el lugar en el que vivo junto a mi familia. Ahora lo es todo, en especial porque es un lugar de bienestar animal, un lugar en el que mis animales no son parte de una cadena de producción, sino que son MIS MASCOTAS, a las que quiero y a las que busco darles una buena calidad de vida para que puedan descansar y disfrutar en paz. Y esto no fue algo que hubiera querido de la noche a la mañana, sino que lo fui descubriendo gracias a mi evolución en el campo y, en cierto modo, gracias también a las redes sociales, a las cuales les debo todo porque sin ellas no tendría el dinero para seguir mejorando este bonito espacio que llamo GRANJA y que es equivalente a mi hogar junto a mis animales. Créanme, este camino no se detiene acá porque mi idea es lograr nuevas metas que me lleven a retribuirles a mis animales todo lo que me han dado hasta hoy y, bueno, también a cumplir con lo que deseo... sobra decir que, con el apoyo de mi familia, de mi equipo y de ustedes, granjer@s, porque sin su ayuda esto sería imposible.

Granjer@s, ¡muchas gracias por leer mi libro, por llegar al final de todos estos tutoriales y *lifehacks*; por querer saber un poquito más de mí y por acompañarme en todas mis aventuras en la granja!

Espero que hayan aprendido muchas cosas y que nos sigamos viendo siempre por redes sociales y en la vida real. ¡Las Empoderadas, Lolo, las marranitas, Héctor, Luna, Fortachón, Willy, Tobías, Cuzco, Negruras, Betty, Marta, Benito, Messi, Susana, Rosalía y El Bicho los queremos muchísimo, muchísimo!

Hasta el próximo libro, ¡chao, granjer@s!

¡Encuentra aquí un
afiche coleccionable de
La Granja del Borrego!